미국의 민주주의

미국의 민주주의

초판1쇄 발행 2011년 6월 27일 | **초판9쇄 발행** 2025년 4월 25일
엮은이 은은기 | **펴낸곳** 계명대학교출판부 | **펴낸이** 신일희
출판등록 제347-1998-1호(1970. 9. 1)

주소 대구광역시 달서구 달구벌대로 1095
전화 053) 580-6233 | FAX 053) 580-6235

ISBN 978-89-7585-543-6 03900

· 값 10,000원
· 잘못 만들어진 책은 교환해 드립니다.

계명교양총서

55

미국의 민주주의

은은기 편역

계명대학교 출판부

편역자 서문

알렉시스 드 토크빌이 쓴 『미국의 민주주의』(De la Démocratie en Amerique)[1]는 두 권으로 되어 있다. 불어로 쓰여진 이 책은 제 1권이 631페이지, 제 2권이 471페이지로 모두 합쳐 1,000페이지가 훌쩍 넘는다. 이처럼 방대한 양의 책인 『미국의 민주주의』는 다양한 주제를 포괄적으로 다루고 있다. 책의 내용이나 주제 자체는 그렇게 난해하지 않지만 다양한 상황에 대한 복잡한 설명으로 인해 내용 파악에 혼선이 초래되기 때문에 일반 대학생들이 책 전체를 체계적으로 이해하기란 사실상 어렵다. 따라서 본 편역자는 『미국의 민주주의』 원전에서 핵심 내용만을 발췌하여 번역·편집함으로써 일반 대학생이 민주주의의 작동원리를 쉽게 이해하는 것을 돕고자 했다.

토크빌은 미국 민주주의체제의 장점을 파악하기 위해 민주주의 사회에서 국가를 주도하는 입법부와 행정부의 구성이 국민투표에서 다수결에 의해 결정된다는 점을 주목하였다. 유권자의 다수가 국민투표로 자신들이 원하는 대통령이나 국회의원을 선출하고 이들을 통해 자신들이 원하는 것을 무엇이든 할 수 있다고 본 토크빌은 이것을 다수의 만능(omnipotence de la majorité)이라고 불렀다. 그는 다수가 만능을 가지고 자신이 원하는 것을 마음대로 하게 되는 현상을 '다수의 전제'(tyrannie de la majorité)라고 부르고, 이 다수의 전제는 민주주의 체제를 위기에 빠뜨릴 수 있다고 보았다. 그

---

1) Alexis de Tocqueville, *De la démocratie en Amerique,* Editions Gallimard, 1992, p.371.

는 다수의 전제를 완화시키거나 막는 것이 민주주의체제의 우선 과제라고 주장하였다. 토크빌은 1830년대까지의 미국사회를 분석하고 나서 미국의 민주주의체제가 그 과제를 잘 수행해왔음을 논리적이고도 체계적으로 잘 설명하였다. 그가 내린 결론은 미국의 민주주의체제는 다수의 전제가 폭정으로 바뀔지라도 그 자체에 회복능력이 있어서 그 같은 위기를 곧 극복해 왔고 차후로도 극복하게 될 것이라는 것이다. 이상이 『미국의 민주주의』의 핵심 내용이다. 이점에 착안하여 편역자는 민주주의 체제에서 다수의 전제와 그것이 초래하게 될 위험 요소들 그리고 그 위험요소들을 극복하거나 제거할 수 있는 미국 민주주의체제의 회복능력을 차례로 고찰할 것이다.

『미국의 민주주의』의 바탕에는 평등과 주권재민에 대한 토크빌의 사상이 자리하고 있다. 그는 미국의 민주주의에 대해 기술하면서도 일반적인 민주주의의 발전방향을 명확하게 제시하고 있다. 『미국의 민주주의』는 근대 이래의 세계사에서 인류가 지속적으로 추구해온 민주적 정치체제가 갖춰야 할 요건 및 주의해야 할 문제점이 무엇인지를 밝혀주고 있는 민주주의의 교과서라 할 수 있다. 토크빌은 "근대민주주의 혁명 덕분에 인간의 힘으로는 막을 수 없는 평등상황이 도래했지만, 그 평등조건에서 자유를 동시에 누리게 해주는 것은 인간의 능력에 달려있다"라고 피력하면서 인간의 실천적 능력에 대한 긍정적인 신념을 견지하고 있다.

토크빌에 의하면 평등의 진전은 하나님의 뜻이기 때문에 역사가 존재하는 한 결국 지구상의 모든 구석구석까지 평등의 삶은 확산되어 나간다는 것이다. 나라와 민족에 따라서 가는 길은 다르지만 누구든지 민주주의의 역사적 발전과정에 동참할 권리가 있다는 것이다. 현재 각 나라마다 민주주의를 성취한 정도는 다르다 할지라도 평등과 자유를 기반으로 삼아 민주주의의 목표를 향하여 모두들 나아가고 있다는 것이다. 그는 미국의 민주주의가 잘 작동하는 가장 큰 이유로 미국국민들이 사적인 욕심에서 떠나 공동체이익을 앞세우는 태도가 일상생활 속에서 습관화되어 있다는 점을 들고 있다. 이 때문에 국민 모두가 자의든, 타의든, 상황에 의해서든 미국이라는 공동체의 이익을 실현하는데 앞장선다는 것이다. 그러니 미국이라는 나라가 번영할 수밖에 없다는 것이다. 토크빌은 미국 국민이 사익보다는 공익을 우선시하게 되는 이유를 종합적으로, 체계적으로 게다가 논리적으로 설명하고 있다. 이점에서 『미국의 민주주의』보다 더 나은 윤리교과서를 찾기란 어려울 것이다.

미국의 민주주의의 작동원리에 대한 설명은 우리나라는 물론 민주주의체제를 표방하고 있는 모든 나라들이 귀감으로 삼아야 마땅하다. 토크빌의 주장에 따를 경우 우리나라에서도 민주주의가 시행착오를 겪어왔고 앞으로도 겪을 것이지만 그럼에도 평등과 자유를 기반으로 한 민주주의 원칙이 점점 더 확고하게 자리 잡아갈 것이다. 이 책을 학생들이 제대로 이해한다면 민주주의의 작동원리와 기본 원칙을 보다 쉽게 파악할 수 있을 것이고 나아가 우리나라의 민주주의 발전에 기여하게 될 것이다. 게다가 본 편역서는 1천여 페이지에 달하는 방대한 내용을 읽고 이해하기 쉽도록 불과 200여 페이지 이내의 분량으로 압축요약하고 있다. 이에 본 편역서를 대학생을 위한 교양총서로 강력히 추천하는 바이다.

비교적 적은 지면에 복잡하고 다양한 여러 가지 주제를 담으려다 보니 본문의 내용을 요약하는 방식을 사용하였다. 비록 발췌, 요약된 책이지만 토크빌이 망라하고자 하는 바의 핵심 내용을 일관성 있게 다루고자 노력했다. 동시에 본 편역서의 주된 독자가 될 대학생들이 이해할 수 있는 수준으로 표현하고자 노력하였다. 이를 위해 토크빌의 생각을 가능한 한 정확하게 전달하는데 최선을 다했다.

지금까지 국내의 번역본은『미국의 민주주의』영어판을 주로 번역해왔다. 이 때문에 불어원전이 의도하는 미묘한 어감을 제대로 포착해내지 못하였다. 이에 필자는 프랑스의 갈리마르(Gallimard)출판사에서 1992년에 간행된 불어 원전을 주 텍스트로 삼았다. 또한 번역의 객관성을 확보하기 위해 한길사에서 간행된 임효선·박지동 교수님의『미국의 민주주의』번역본을 참고하였다.

편역자

원저자 서문

우리 프랑스인들이 보기에 한순간에 이루어진 프랑스대혁명과 1830년혁명[2] 및 1848년혁명[3]과 같은 사건들이 아무리 커다란 역사적 의미를 지닌다 할지라도 이 책의 저자인 본인은 그런 사건들에 대해 이미 예견했기 때문에 당연히 놀라지 않았다. 나는 전 세계에서 민주주의가 강렬하게 도래하리라는 일념에 사로잡혀 15년 전인 1833년에 이 책의 초판을 간행했다.

"평등원칙은 보편적이고 지속적으로 발전해오고 있으며, 인간의 힘으로는 그 발전을 막을 수 없다. 모든 사람은 물론 모든 일이 평등원칙의 발전에 기여한다. 한 세대의 노력으로 먼 과거에 그 기원을 두고 있는 평등을 향한 사회운동을 결코 막을 수 없다. 봉건제도[4]

---

2) '1830년혁명'은 유럽 여러 나라에서 자유주의자 및 혁명주의자들이 보수적 군주와 정부에 맞서 일으킨 봉기(1830~1832년)를 통틀어 일컫는 말이지만, 여기서는 프랑스에서 1830년 7월에 일어난 7월혁명을 지칭한다.

3) 프랑스에서 7월 혁명으로 탄생한 7월 왕정은 18년(1830~1848년) 동안 유지되었는데, 이 정권은 과도기 정권으로서 금융 부르주아지의 자의적인 정권이었기 때문에 이에 대한 반동으로 2월혁명이 1848년에 발생했다. 1848년혁명의 배경으로는 프랑스 산업 혁명의 진전으로 등장한 산업 부르주아지들이 자신들을 가로막는 금권 정치와 금융 부르주아지 정권을 타도하려 한 것 그리고 노동 계급과 같은 사회주의세력이 등장한 것을 들 수 있다. 2월혁명이 발생한 직접적인 원인으로는 7월혁명을 일으켰던 기조(Guizot) 내각의 부패와 무능을 들 수 있다. 2월혁명으로 인해 국왕 루이 필립이 퇴위하고 영국으로 망명함에 따라 7월왕정이 끝나고 제 2공화정이 등장한다.

4) 봉건제도의 핵심은 주종관계이다. 주종관계란 주군과 봉신 사이의 사적인

를 무너뜨리고 왕들을 굴복시킨 민주주의가 부르주아지와 부유층의 저항에 직면하여 결코 뒤로 물러나지 않을 것이다.

이 책을 처음 펴낼 당시에는 1830년 혁명으로 집권한 왕정이 자리잡고 있었으나 이제는 전복되고 말았다. 왕정 시기에 살았던 프랑스인에게는 호기심의 대상에 지나지 않던 미국의 제도가 공화정 시기[5]의 프랑스인에게는 탐구의 대상이 되어야 한다. 새로운 정부에게 안정을 보장해주는 것은 권력뿐만이 아니라 훌륭한 법이다. 이제 투사의 시대는 가고 입법가가 새로운 역할을 떠맡고 있다. 투사나 입법가는 각기 자신의 역할을 가지고 있다. 전자가 파괴했다면 후자는 건설한다. 비록 프랑스에 왕정이 적합한지 아니면 공화정이 적합한지를 밝히는 것이 더 이상 중요하지 않다 할지라도, 우리 프랑스가 혼란에 빠진 공화국을 가질 것인가 아니면 평화로운 공화국을 가질 것인가, 그 공화국이 자유주의적일 것인가 아니면 억압적일 것인가의 문제를 우리는 아직도 연구해야 한다. 그것은 엄청난 문제로서 그 해결이 프랑스뿐만 아니라 전 문명세계에 영향을 미친다.

우리 프랑스가 자유롭고 평화로운 공화국이 된다면 우리를 둘러싸고 있는 모든 나라들도 우리를 본받아 성공적으로 자유로운 공화

계약관계로 이루어진 것이다. 토지를 받은 봉신이 상위 주군에게 충성을 맹세하고, 주군은 충성맹세를 한 봉신에게 봉토를 하사하였다. 여기서 하사한 봉토란 단순히 토지 개념이 아니라 불입권, 영주권 등 총체적인 자율적 토지 운영을 보장한 토지개념을 의미한다. 따라서 봉건제도는 주군이 봉신에게 토지를 하사한 이후 그 토지에 대한 간섭을 할 수 없는 구조로 되어 있다. 그리고 봉신은 계약에 따라 주군에게 해주어야 할 의무만 해주면 자신의 자율적 권리를 인정받을 수 있는 구조였다.

5) 프랑스에서 7월 왕정이 타도된 1848혁명 이후 루이 나폴레옹이 구데타로 공화정을 무너뜨리고 제정을 시작한 1851년까지의 3년 동안에 프랑스는 왕이 없는 공화정기였다.

국이 될 것이다. 만약 우리 프랑스가 혼란에 빠져 헤어나오지 못한다면 우리를 둘러싼 그 모든 나라들도 같은 길로 접어들어 망하게 될 것이다. 프랑스에 민주적인 자유정체가 자립 잡는가 아니면 민주적인 폭정이 서느냐에 따라 세계의 운명이 달라질 것이다. 또한 어느 나라에서 마침내 공화국이 수립될 것인지 아니면 전복될 것인지는 오늘날 우리 프랑스인에게 달려있다고 해도 과언이 아니다.

미국인들은, 우리 프랑스인에게 이제 막 해결해야 할 과제로 제기된 이 문제를 이미 60년 전에 해결했다. 프랑스에서는 이제 문제되고 있는 주권재민의 원칙이 미국에서는 지난 60년 이상 동안 확고하게 뿌리를 내려왔다. 그 원칙은 미국에서 가장 직접적으로 그리고 제약을 받지 않고 실천에 옮겨지고 있다. 미국이 그 원칙을 그 모든 법률의 공통적인 원천으로 삼아온 60년 동안 그 나라의 인구, 영토 및 부는 지속적으로 증대하였다. 바로 그 기간 동안에 미국 국민은 지구상의 모든 국민들 가운데 가장 번창했을 뿐만 아니라 가장 안정된 삶을 누렸다. 유럽의 모든 국가들이 전쟁으로 황폐화되거나 아니면 내부 갈등으로 분열을 겪고 있는 동안 문명 세계에서 미국국민만이 평화로이 지냈다. 거의 전 유럽이 혁명으로 격동을 겪은 반면에 미국은 반란조차 한번 겪지 않았다. 미국에서는 공화국이 모든 권리에 대한 공격자가 아니라 수호자였다. 또한 개인의 재산은 세계의 다른 어느 나라에서보다도 잘 보장되었으며, 미국국민들은 전제정은 물론 무정부 상태를 겪어 보지 않았다.

우리는 미국 이외의 어떤 다른 나라에서도 보다 큰 희망이나 더욱 훌륭한 교훈을 찾을 수 없다. 미국이 수립한 제도를 비굴하게 답습하기 위해서가 아니라 우리 프랑스에 적합한 최선의 정치 체제가 어떤 것인지 알아내기 위해서 미국을 고찰해보자. 사례를 찾기보다는 교훈을 얻기 위해 미국을 돌아보고 미국 법률의 세부 사실보다는 그 원칙을 도입하기로 하자. 물론 프랑스 공화국의 법률은 경우에 따라 미국의 법률과는 다를 수 있고 달라야 한다. 그러나 미국체제가 기초하고 있는 원칙, 다시 말해 질서, 세력균형, 진정한 자유, 권리에 대한 존중의 원칙은 모든 공화국들에 꼭 필요한 요소들이다. 모든 공화국에 그러한 원칙들이 적용되어야 하며, 그 원칙들을 찾을 수 없는 곳에서는 어디에서나 공화국이 머지않아 사라지게 될 것이다.

1848년 알렉시스 드 토크빌

서 론

미국 체류 기간 동안 나의 가장 큰 관심을 끈 것은 미국 국민들이 '조건의 평등'을 누리고 있다는 점이다. 이러한 기본적인 사실이 사회생활에 엄청난 영향을 미치고 있음을 쉽게 알았다. 평등한 사회생활로 인해 여론은 영향을 받으며, 법률도 특이한 경향을 띠게 되었다. 평등 원칙은 정치제도와 법률에 뿐만 아니라 일반시민의 삶에도 분명히 드러나고 있다. 평등 원칙이 적용되는 과정에서 새로운 감정과 관습이 생겨났다.

위대한 민주주의 혁명이 우리 프랑스인들 가운데서 진행되고 있지만 모든 사람이 같은 입장에서 그것을 바라보는 것은 아니다. 어떤 사람들은 민주주의 혁명이 새로운 것이기는 해도 하나의 재난에 불과한 것으로 간주하면서 그 재난이 종식되기를 희망하고 있다. 또 어떤 사람들은 민주주의혁명이 역사상 가장 오래되고 가장 지속적인 사실이기 때문에 막을 수 없는 것으로 보았다.

잠시 700년 전의 프랑스 상황을 뒤돌아보자. 당시 영토는 토지를 소유하고 주민을 지배했던 소수의 귀족(영주) 가문들 사이에 나뉘어져 있었다. 통치권은 가계 세습되었다. 토지재산이 권력의 유일한 원천이었다. 그러나 얼마 지나지 않아 성직자의 정치권력이 확립되어 강화되기 시작했다. 성직자는 빈민과 부자, 평민과 귀족을 가리지 않고 모든 계급에게 자신의 성직을 개방했다. 이로 인해 교회를 통해서 평등이 정부 안으로 침투했고 그리고 농노로서 영구히 얽매여 살았어야 할 사람이 귀족들 가운데 사제로서 자리를 차지하고 왕들보다 상석에 앉는 일도 드물지 않게 되었다.

사회가 점차 좀 더 문명화되고 안정됨에 따라 인간 상호간의 다양한 관계는 더욱 복잡해지고 많아졌다. 그에 따라 민법의 필요성이 절실해져 법관들이 생겨났다. 법관들은 자신들이 근무하던 먼지 낀 기록보존소의 한미한 자리를 떠나 궁정에 나타나서 화려한 관복 차림을 한 봉건귀족과 대등한 지위를 누리게 되었다. 왕들이 전쟁과 같은 거대한 일들을 벌여 스스로를 파멸로 이끌고 또한 귀족들도 사사로운 분쟁[6]으로 자신들의 힘을 낭비하고 있는 동안, 하층계급은 상업으로 부를 쌓고 있었다. 돈이 국사(国事)에서 영향을 미치기 시작했다. 상거래로 부를 축적한 자들은 권력을 장악할 수 있게 되었다. 금융가도 정치적으로 영향력 있는 지위에 올랐지만 그는 동시에 아첨과 경멸의 대상이 되었다. 점차 계몽사상이 퍼졌으며 문학과 예술에 관한 취향의 가치가 명백하게 재인식되었다. 재능(esprit)이 성공의 한 요소가 되고, 과학은 통치 수단이 되고, 지성은 사회적 힘이 되었다. 학식 있는 사람이 국사에 참여했다. 이처럼 권력에 이르는 새로운 길이 발견됨에 따라 출생 시 부여받은 가치는 그만큼 빨리 하락했다. 11세기에는 귀족 신분이 모든 다른 가치에 우선했으나 13세기에는 돈으로 그것을 살 수 있게 되었다. 1270년에는 처음으로 귀족 신분이 선물로 증여되었다. 마침내 귀족 스스로가 정부에 평등을 도입한 것이었다. 지난 700년 동안 귀족들이 때로는 왕권에 저항하거나 자신들의 경쟁자들을 제거하기 위하여 평민들에게 어느 정도의 정치권력을 허용하곤 했다. 아울러 왕도 귀족들의 지위를 격

6) 귀족들 간의 사사로운 분쟁으로는 영국의 장미전쟁(1455~1485년에 있었던 잉글랜드 왕권을 둘러싼 랭커스터가(家)와 요크가(家)가 싸운 전쟁)을 들 수 있다.

하시킬 목적에서 하위 계층에게 정부의 관직을 더욱 자주 부여하곤 했다.

프랑스에서는 왕들이 항상 귀족과 평민 사이의 격차를 줄이는 데 가장 적극적으로 앞장서 왔다. 왕들은 힘이 강하고 야심만만할 때 모든 힘을 쏟아 민중을 귀족 수준으로 끌어올렸으며, 약화되어 온건해질 때는 민중이 자신들의 머리 위로 올라서는 것도 허용했다. 어떤 왕들은 재능으로 또 어떤 왕들은 악덕으로 민주주의의 성장에 도움이 되었다. 루이 11세[7]와 루이 14세[8]는 모든 계급을 똑같은 정도의 예속상태로 끌어내리려고 애썼으며, 마침내 루이 15세[9]는 자신은 물론 왕정 전체를 진구렁 속으로 끌어내렸다.

토지가 봉건적인 토지 소유자인 영주계층 이외의 다른 사람들에

---

7) 루이 11세(재위 1461~1483)는 프랑스 발루아왕조의 왕으로 지방영주들의 세력을 적극적으로 파괴하는 정책을 취하였고 중앙집권체제를 확립하였다.

8) 루이 14세(재위 1643~1715)는 '태양왕'이라고 불렸으며, 부르봉 절대왕정의 전성기를 대표한다. 루이 13세와 안 도트리슈가 결혼한 지 23년 만에 파리 교외의 생제르맹앙레에서 태어났다. 왕은 재상제를 폐지하고 자신이 직접 고문관회의를 주재하였으며, 대신들에게 명하여 자기의 결정사항을 집행하게 하였다. 정부의 임시적인 특사의 성격을 띤 앵탕당(지사)의 직무를 확대하여 각지에 상주시킴으로써 명령에 따라 손발처럼 움직이는 관료의 조직망을 전국에 폈다. 또 파리고등법원의 칙령심사권을 박탈하여 법원을 단순한 최고재판소로 격하시켰다. 그리하여 왕은 흡사 '살아 있는 법률'과 같은 존재가 되었고, 스스로 "짐(朕)은 곧 국가이다"라고 할 만큼 절대주의 시대의 대표적 전제군주가 되었다. 중앙집권체제를 완성한 후 자신을 지상에서의 신의 대행자라 하여 왕권신수설을 주장하였다.

9) 루이 15세(1710~1774년)는 인자한 행동으로 명성을 얻어 "친애왕" (le Bien-Aimé)이라는 칭호를 얻었다. 그러나 세월이 흐르면서 그는 도덕성 상실과 외교정책 실패로 인해 결국 프랑스의 인기 없는 왕들 가운데 한 사람으로 낙인 찍혔다.

의해서도 소유되기 시작하고, 동산(動産)이 오히려 영향력과 권력을 가져다주는 수단이 되었을 때, 예술이 발전하고 상공업이 발달했을 때 사람들 사이에 수많은 새로운 평등요소들이 생겨났다. 그 이후로는 모든 새로운 발명, 모든 새로운 필요, 또한 모든 새로운 욕망은 전반적인 평준화로 나아가는 촉매제가 되었다. 사치를 향한 취향, 전쟁 애호, 유행풍조, 인간 심성의 가장 깊은 감정은 물론 가장 피상적인 감정까지도 가난한 자들의 부를 증가시키고 부자들의 부를 감소시키는데 기여하였다. 지성을 행사하는 것이 권력과 재부(財富)의 원천이 되는 시기가 도래한 이후부터 과학의 발달, 새로운 지식, 새로운 사상은 민중이 권력에 접근하는데 필요한 기반이 되었다. 시정(詩情), 웅변, 기억력, 온유한 마음, 불같은 상상력, 심오한 사상 그리고 하나님이 부여한 모든 재능은 민주주의 발달에 유리하게 작용했다. 또한 문학은 만인에게 개방된 병기고(兵器庫)처럼 가난한 자와 약한 자가 매일매일 무장을 갖출 수 있게 해주었다.

우리 역사책을 훑어보면, 지난 700년 동안에 일어난 대 사건들은 모두 인간의 평등을 증진시켰다. 십자군 전쟁[10)]과 영국의 여러 차례에 걸친 내전으로 말미암아 귀족들은 학살당했으며 그들의 재산은 줄어들었다. 즉 도시의 자치 덕분에 봉건왕국의 품 속에 민주주의적 자유가 도입되었으며, 총기의 발명으로 전장에서 귀족과 그 사

---

10) 십자군전쟁은 중세시대 유럽의 기독교도들이 성지 예루살렘을 이슬람교도로부터 탈환하기 위해 여덟 차례에 걸쳐 감행한 원정 전쟁이다. 이슬람 세력인 셀주크 투르크족이 예루살렘을 정복하고 기독교 순례자를 박해하자 1095년 교황 우르반 2세는 성지 탈환을 위한 전쟁을 선포했다. 1291년까지 계속된 전쟁은 1차 원정 외에는 모두 기독교도들의 실패로 끝났다. 전쟁 이후 교황과 봉건 영주의 세력이 약화되고 왕권은 강화됐다. 또 동방무역이 활발해지고 상공업이 더욱 발달하는 계기가 됐다.

병(私兵)의 역할이 동일해졌으며, 인쇄술 덕분에 모든 계층의 사람들이 똑같은 지식을 갖추게 되었다. 또한 우편제도 덕분에 오두막집에 사는 사람이나 궁성에 사는 사람이 똑같이 지식을 얻게 되었으며, 개신교(改新教)는 사람은 누구나 신분에 구애받지 않고 똑같이 천국에 갈 수 있다고 주장했다. 신대륙의 발견으로 부를 축적할 수 있는 수많은 새로운 길이 생겨났으며, 이름도 없던 모험가들이 부와 권력을 차지하게 되었다. 만일 우리가 11세기의 첫 반세기에서 다음 반세기까지 프랑스에서 무슨 일이 일어났는지를 고찰해보면, 이들 두 기간의 말엽에 각각 사회 상태에 이중의 혁명이 일어났음을 확실히 알게 될 것이다. 즉 사회계층에서 귀족의 지위는 하락했고 평민의 지위는 상승했다. 반세기마다 양편의 지위는 서로 가까워졌으며 머지않아 동일해질 것이다.

이런 현상이 프랑스에서만 있었던 것이 아니다. 기독교 세계 전체에 똑같은 혁명이 진행되고 있다. 어디에서나 사람들이 살아가는 과정에서 발생하는 여러 가지 사건들이 민주주의에 이롭게 작용했다. 즉 민주주의를 위해서 의도적으로 애쓰는 사람들이나, 자신도 모르는 사이에 그것을 위해서 봉사하는 사람들이나 모두 열심히 민주주의의 진전에 기여한 것이다. 사실 평등원칙을 핵심 내용으로 하는 민주주의는 하나님의 뜻에 따라 전파되고 있다. 따라서 어느 누구도 평등원칙의 점진적인 확산을 막을 수 없다. 모든 사람은 물론 모든 일들이 평등의 확산에 기여한다. 봉건제도를 무너뜨리고 왕들을 굴복시킨 민주주의가 부르주아지들과 부유층 앞에서 뒤로 물러나는 일은 결코 없을 것이다.

우리 시대 기독교인의 가장 중요한 임무는 민주주의를 가르치고, 가능하다면 그 기본 가치에 대한 믿음을 다시 자각시키는 것이다.

또한 그 관습을 순화하고, 그 맹목적 본능 대신에 그 진정한 이익을 자각하게 하고, 그 통치를 때와 장소에 적응시키고 상황에 따라 바꾸어나가는 것이 우리 시대 기독교인의 가장 우선적 임무이다. 그런데도 우리 프랑스인들은 그러한 임무를 잊어버리고 격랑에 휩쓸려 파국을 향해서 치닫고 있다. 거대한 사회혁명이 유럽의 어느 나라에서 보다도 프랑스에서 급격한 진전을 보였으나 별다른 성과를 거둔 적이 없다. 국가의 지도자들은 그런 혁명에 전혀 대비하지 않았으며, 혁명은 그 지도자들이 모르는 사이에 진행됐다. 프랑스 국민들 가운데 가장 권위 있고, 가장 도덕적인 계층들이 그 혁명을 올바른 방향으로 이끌기 위하여 그것을 통제하려는 노력을 전혀 기울이지 않았다. 민주주의는 결국 야만적인 본능을 지닌 자들에 의해 좌우되었다. 민주주의가 갑자기 수립되었을 때 사람들은 그 존재를 별로 알지 못한 듯했다. 모든 사람들은 민주주의의 변덕에 비굴하게 굴복했다. 민주주의체제가 그 자체의 과오 때문에 약화되자 입법자는 민주주의를 올바른 길로 이끌고 그 악폐를 시정하기는커녕 경솔하게도 민주주의를 파괴하려는 무분별한 계획을 세웠다. 민주주의를 통치에 적합하게 만들려는 노력은 하지 않고 민주주의를 통치에서 배제하려는 노력만 했다. 그 결과 프랑스에서 민주주의 혁명은 혁명을 유익한 것으로 만드는 데 꼭 필요한 법률, 사상, 관습 및 도덕에 있어서의 동시적인 변화를 수반하지 못한 채 진행됐다. 또한 우리 프랑스인들은 민주주의가 초래한 나쁜 점은 이미 깨닫고 있지만 그것이 가져다 줄 이점에 관해서는 모르고 있다.

이제 상황은 변했다. 점차 계급의 차별은 사라지고 있다. 한때 인류를 갈라놓았던 장벽들은 무너지고 있다. 재산은 분할되고 있으며, 권력은 여러 사람에 의해 공유되고 있다. 모든 계급의 능력이 평등의 확산에 기여하고 있다. 사회는 민주주의적으로 되고 있으며, 민주주의 국가는 제도와 관습 속에 서서히 그리고 평화적으로 자리잡아가고 있다.

개인마다 자신이 확실히 지녀야 할 권리를 보유한다면, 자만하거나 비굴하지 않은 일종의 인간다운 신뢰감과 상호존중의 예의가 모든 계급 사이에 생길 것이다. 자신들의 진정한 이익을 깨닫게 된 민중은 국가로부터 혜택을 보기 위해서는 국가가 원하는 것을 할 필요가 있다는 것을 이해하게 될 것이다. 그렇게 되면 시민들의 자발적인 결사가 귀족들의 개인적인 권위를 대신할 수 있을 것이며, 공동체는 폭정과 방종으로부터 보호될 것이다.

이처럼 만들어지는 민주 국가에서는 사회가 정태적이지 않을 것이다. 그런 국가에서는 귀족국가에 비해 장대하진 않지만 그런 만큼 비참한 일은 적을 것이다. 과학은 덜 위대하겠지만 무지는 찾아보기가 힘들 것이다. 격렬한 감정은 억제될 것이며 국민의 관습은 순화될 것이다. 악덕은 늘어나겠지만 범죄는 줄어들 것이다. 각 개인은 약한 자신이 보호를 받으려면 동료들과 뭉쳐야함을 깨달을 것이다. 각 개인은 동료들을 도와야만 그들의 도움을 얻을 수 있다는 것을 알기 때문에 자신의 개인적 이익이 전체 공동체의 이익과 일치한다는 것을 마땅히 깨닫게 될 것이다. 전체로 볼 때 국가는 전보다 위용과 국력을 덜 떨칠지도 모른다. 그러나 대다수 시민들은 훨씬 높은 수준의 번영을 누릴 것이며, 민중은 평화를 누릴 것이다.

내가 지금 이야기하고 있는 거대한 사회혁명이 가져다 줄 수 있는 최상의 단계에 거의 이른 나라가 이 세계에는 한 군데 있는데, 그것이 바로 미국이다. 그 혁명은 아주 쉽고 간단하게 수행됐다. 사실 이 나라는 혁명을 거치지 않고서도 민주주의혁명의 열매를 거두고 있다.

17세기 초에 미국 동부 해안에 건너온 이민자들은 유럽의 구 사회에서 서로 갈등의 원인이 되었던 모든 원칙들을 용하게 따로 떼어놓고 민주주의 원칙만을 신대륙으로 옮겨 심었다. 거기서 민주주의 원칙은 완전히 자유롭게 뻗어나갈 수 있었으며, 그 나라 국민들의 생활태도에 영향을 미쳐서 법률의 성격을 평화적으로 만들 수 있었다.

내가 미국을 연구대상으로 삼은 것은 단순한 호기심 때문만은 아니다. 우리 자신에게 유익한 교훈을 거기에서 찾으려는 소망 때문이다. 나는 미국에 대한 찬사를 쓰거나 특정 형태의 정부를 옹호하려는 목적을 갖고 있지 않다. 왜냐하면 나는 어떤 법체계도 절대적으로 완벽할 수 없다고 믿기 때문이다. 내게는 저항할 수 없는 것으로 보이는 저 사회혁명이 인류에게 유익할 것인가 해로울 것인가를 판단할 의도도 없다. 나는 이 혁명을 이미 이루어진 또는 이루어지기 직전의 사실로서 인정하고 있다. 나는 그 혁명의 자연스런 결과를 판별하고 또한 가능하다면 인류에게 유익하게 만들 방법을 알아보기 위하여, 그 혁명을 겪은 나라들 가운데 가장 평화스럽고 가장 완벽한 전개과정을 보인 나라인 미국을 연구대상으로 선정했다. 나는 미국에서 미국 이상의 것을 보았다. 나는 미국에서 민주주의 자체의 성향, 편벽성 그리고 열정에 대한 이미지도 고찰했다. 이는 우리가 민주주의의 발전이 가져오는 이득과 해악을 관찰하고 판별하기 위해서였다.

이 책의 제1부에서는, 그 성향대로 거의 제약을 받지 않고 그 본능에 맡겨진 민주주의가 자연스럽게 법률에 부여한 방향과 일반적으로 국정 전반에 미친 통제력을 살펴보려고 했다. 이를 통해 민주주의가 가져오는 이점은 물론 해악도 알아내려고 했다. 나는 미국인들이 민주주의를 통제하기 위하여 사용하는 안전장치를 고찰했다. 아울러 민주주의원리가 사회를 이끌어가는 동인들을 찾아내려고 했다.

제2부에서 나는 미국에서 조건의 평등과 민주정부가 시민사회, 관습, 사상, 그리고 습관에 얼마나 큰 영향을 미쳤는지를 기술하려고 한다. 내가 미국에서 본 것을 제대로 알리려는 것이 나의 진정한 소망이었으며 또한 사실을 의도적으로 관념에 꿰맞추려 한 적은 결코 없다.

이 책을 통해 어느 특정 견해를 옹호하려는 생각은 없다. 이 책을 저술하면서 나는 어느 정파를 지지하거나 공격하려는 의도를 전혀 가진 바 없다. 나는 다른 사람들과 달리 보려고 한 것이 아니라 더 멀리 보려고 노력했을 따름이다. 또한 다른 사람들이 바로 내일에 대해 관심을 집중했다면 나는 보다 먼 미래에 대해 숙고하기를 원했다.

목 차

제1장

다수의 만능과 폭정

1. 민주주의에서의 다수
2. 다수의 만능과 입법 및 행정의 불안정
3. 다수의 횡포
4. 다수의 만능과 관리의 권한
5. 다수의 절대 권력과 국민성

제1장

다수의 만능과 폭정

1. 민주주의에서의 다수

민주정치의 요체는 다수가 소수에 비해 절대적으로 우세하다는 데 있다. 민주주의 체제 내에서는 다수에게 저항하는 어떠한 세력도 없다. 역대 미국 헌법들은 대체로 다수의 그와 같은 자연스런 힘을 인위적으로 강화시키려 해왔다.

모든 정치권력 가운데서 입법부는 다수의 의지에 가장 쉽게 복종하는 기구이다. 미국인들은 입법부 의원들이 국민에 의해 '직접' 그리고 '아주 짧은 임기로' 선출되기를 원했다. 그 이유는 의원들로 하여금 선거구민들의 일반적인 견해에는 물론 매일 매일의 감정에 따르도록 만들기 위한 것이었다. 상하 양원의 의사진행은 단원제의 의사진행이나 마찬가지로 신속하며 막강한 힘을 발휘한다. 이처럼 입법부에 통치의 거의 모든 권한이 맡겨져 있다.

법은 본래 강력한 권력의 힘을 강화시키는 동시에 원래 약한 권력을 더욱 약하게 만들었다. 법은 행정부의 대표들에게 안정성과 독립성 그 어느 것도 부여하지 않았다. 법에 따라 행정부가 입법부의 변덕에 완전히 내맡겨짐으로써 행정부의 대표들은 민주정치의 본성상 부여받은 미약한 영향력마저 빼앗겨버렸다. 몇몇 주에서는 주민들이 다수결로 재판관을 선출하도록 되어있었다. 모든 주에서 입법부의 의원들이 매년 재판관의 봉급을 사정하는 권한을 가지고 있었기 때문에 입법부는 사법권을 통제할 수 있었다.

다수의 권력은 법률에 의해서보다도 관습 덕분에 더욱 더 강화되었다. 유권자들은 대표를 선출하면서 그에게 일정한 행동지침과 특정한 의무사항을 부과해서 이행할 것을 강요하는 일이 자주 일어나고 있다. 미국에서는 몇 가지 특수한 상황이 복합적으로 작용한 결과 다수의 권력이 우세하면서도 막강해지고 있다. 다수의 도덕적인 권위는 단 한 사람보다는 결합된 다수의 사람들이 더 많은 지성과 지혜를 갖추고 있다는 개념에 부분적으로 기초하고 있다. 따라서 평등이론이 사람들의 지능에도 적용되고 있다. 다수의 권력이 사람들로부터 존중받으려면 법률의 형태로 오래 살아남아야만 한다.

다수가 자신들의 지성에서 연유한다고 생각하는 법의 개념은 미국에 처음 이주한 자들[1]에 의해서 도입되었다. 이런 법 개념만으로도 자유로운 나라를 세우기에 충분하다는 사상이 오늘날 미국 국민의 관습과 일상생활의 사소한 관행에 자리 잡았다.

1 1620년 존 카버·윌리엄 브래드퍼드를 비롯한 영국의 청교도 102명이 메이플라워호를 타고 종교의 자유를 찾아서 아메리카의 플리머스에 도착했다. 메이플라워호를 타고 온 사람들은 매사추세츠에 도착하기 전에 그 배에서 소위 메이플라워 협약을 체결하여, 질서와 안녕을 유지하기 위해 스스로 하나의 시민정치체를 만들고 필요한 법률과 공직을 제정하여 이에 복종할 것을 서약하였다. 이러한 식민지 의회의 설치와 자치체의 형성은 그 뒤에 건설된 다른 식민지에도 도입되었다. '메이플라워 협약'은 다수의 자유 의지에 의한 정부의 설립을 결정한 것으로서, 민주주의 정치의 기초가 되었다.

프랑스 대혁명 이전 구체제 시기의 프랑스인들은 국왕은 오류를 범하지 않는다는 점을 불문율로 받아들였다. 그들은 만일 국왕이 잘못을 저지르면 국왕을 보좌하는 신하의 잘못에 기인하는 것으로 보았다. 이런 생각 덕분에 국왕은 국민을 아주 쉽게 복종시킬 수 있었다. 그 때문에 국민은 법률에 대해서 불평하면서도 입법자인 왕에 대해 존경심을 계속 품었던 것이다. 미국인들도 다수에 대해서 프랑스인들이 왕에 대해 가지는 것과 같은 견해를 가지고 있다.

미국인들은 다수의 도덕적인 힘과 그 이익이 소수의 이익보다 우선한다는 원칙을 고수한다. 만일 미국에서 입법권을 가진 다수가 오랫동안 독점적 특권을 누려온 하나의 시민계급(예를 들면 귀족)으로부터 그 특권을 빼앗아 그들을 높은 신분으로부터 일반 대중의 수준으로 끌어내리려 할 경우, 그 소수의 시민계급이 다수가 만든 법률에 쉽사리 복종하지 않을 수도 있다. 그러나 미국은 같은 계층에 속하는 사람들이 이주했기 때문에 다수의 시민과 소수의 시민 사이에는 아직까지 선천적이거나 항구적인 이해관계의 충돌이 생기지 않고 있다.

소수에 속한 성원들이 다수를 자기편으로 끌어들이기를 전혀 바라지 않는 사회도 있다. 그 이유는 그렇게 될 경우 그들은 다수에 대항하는 자신들의 투쟁목적을 포기해야 하기 때문이다. 실례로 소수인 귀족들은 특권을 보유하고 있는 한 결코 다수가 될 수 없고, 그 특권을 버리면 더 이상 귀족 계층이라고 할 수 없다.

미국에서는 모든 정당들은 언젠가는 다수당이 되어 다수의 권리를 자신들에게 유리하게 행사할 수 있게 되기를 바라기 때문에 그 권리를 흔쾌히 인정할 준비가 되어 있다. 미국에서 다수는 엄청난 실제적인 권위를 행사하며 또한 그에 못지않은 여론의 힘도 행사한다. 어떤 장애물도 다수의 진전을 지체시키거나 그것이 지나오는 동안에 파멸시킨 사람들의 불평을 경청하도록 만들 수 없다. 이러한 다수의 엄청난 권위는 국가의 앞날에 해롭고 위험한 결과를 초래할 것이다.

2. 다수의 만능과 입법 및 행정의 불안정

민주주의 통치에 내재하는 폐단은 다수의 권력과 정비례해서 늘어난다. 우선 그 모든 폐단 가운데 가장 눈에 띄는 것은 법률의 불안정성이다. 이와 같은 폐단은 정도의 차이는 있겠지만 입법부가 가지는 권한과 행동수단에 비례해서 커진다.

미국에서 입법부는 절대적인 권한을 가진다. 입법부는 아무것에도 구애받지 않고 자기들이 바라는 것을 신속하고 강력하게 성취한다. 또한 입법부에는 매년 새로이 선출된 대표들이 들어온다. 말하자면 입법부의 변덕스런 의지 때문에 민주정치의 심각한 불안정이 조장되는 상황이 미국에서는 거리낌 없이 벌어지고 있다. 오늘날 미국은 어떤 나라보다도 법률의 수명이 짧은 나라이다. 미국의 거의 모든 헌법조항들이 30년도 채 되지 않아 바뀌었다. 미국의 주들 가운데 법의 원칙을 그 기간 안에 바꾸지 않은 주는 없다. 각 주의 문서보관소를 한번 살펴보면 입법자들이 끊임없이 활동하고 있음을 알게 된다.

미국에서 다수가 만능을 가지고 있으며 다수의 결정이 신속하고 절대적으로 집행되기 때문에 법률뿐만 아니라 법집행과 행정수행도 불안정하게 된다. 다수만이 비위를 맞춰주어야 할 세력이기 때문에 다수의 모든 계획은 가장 열정적으로 채택된다. 그러나 다수의 관심이 다른 곳으로 돌려지자마자 그와 같은 모든 열정은 사라진다. 반면에 독자적이면서도 안정된 행정을 누리는 유럽의 자유주의적 국가들에서는 입법부의 관심이 다른 대상으로 옮겨진 경우라도 그 계획들은 계속 집행된다. 미국에서는 다른 어떤 곳보다도 특정한 개선사업은 굉장한 열성과 활력을 가지고 추진된다.

미국에서 몇 해 전에 종교지도자 몇 사람이 감옥의 조건을 개선하려고 했다. 범죄자 교정사업이 그 종교지도자들의 말에 감동받은 대중의 지지를 받게 되었다. 새로운 감옥들이 세워졌다. 그러나 대중이 그렇게나 흔쾌한 관심을 보임으로써 시민들이 동시에 엄청난 노력을 기울였던 이런 다행스런 변혁은 짧은 시일 안에 이룩될 수 없는 일이었다. 다수가 그 사업의 추진에 매진하여 새로운 교정 시설들이 세워지고 있는 동안에도 아직도 낡은 감옥들이 있어서 수많은 범법자들을 수용하고 있었다. 이들 낡은 감옥은 새로운 감옥의 시설들이 개선 발전되는 것에 비해 상대적으로 더욱 불결하고 부패한 것으로 드러나게 되었다. 다수는 새로운 감옥을 세우는 데 너무 열중한 탓에 기존의 감옥들은 잊어버렸던 것이다. 전반적인 관심이 새로운 대상으로 옮겨감에 따라 이때까지 다른 대상들에게 쏟았던 다수의 관심은 사라졌다. 그래서 우리 시대의 온화하고 개화된 정신을 입증하는 감옥 바로 곁에 야만적인 중세 감옥을 연상시키는 지하 감옥들이 병존하고 있었다.

3. 다수의 횡포

국민의 다수는 통치에 관해 무엇이든지 할 수 있는 권리를 가진다는 생각은 잘못된 것이다. 그런데도 나는 모든 권력이 다수의 의지에서 나온다고 주장했다. 그렇다면 나의 생각이 틀렸단 말인가?

일반 법률은 특정 국민의 다수뿐만 아니라 모든 국민의 다수에 의해서 제정되었다. 그러므로 이 일반 법률이 정의이다. 다수의 국민은 사회 전체를 대표하면서 그 사회의 정의인 법률을 적용할 권능을 가진 배심원이라고 간주할 수 있다. 사회를 대표하는 배심원이 사회 자체보다도 더 많은 권력을 가져야 하는가? 그런 배심원은 사회의 법률을 집행하는데 지나지 않는다.

다수도 집단적으로 보면 한 개인에 지나지 않은 것으로서 흔히 그 의견 및 이해관계는 소수라고 볼 수 있는 측의 다른 개인의 의견 및 이해관계와 상치하는 것이다. 만일 절대권력을 가진 사람이 그 권력을 악용해서 반대 입장의 사람들을 억압하는 것이 비난을 받는다면 다수도 같은 비난을 받을 가능성이 있다. 사람들은 서로 결합한다고 해서 그들의 성격이 바뀌지 않는다. 나는 나와 동등한 인간 누구에게도 무엇이든 할 수 있는 권력을 줄 수 없다. 나는 그런 사람들이 어느 만큼의 수가 되더라도 그런 권력을 절대로 부여하지 않을 것이다.

혼합정부를 가지고 있는 어느 사회가 서로 반대되는 원칙을 지닌 세력들로 똑같이 나뉘어 있다면 혁명을 겪거나 무정부상태에 빠질 것임에 틀림없다. 그러므로 다른 모든 권력에 우선하는 사회 권력이 어디엔가 언제나 있어야 한다. 그렇지만 그러한 사회 권력의 행보를 제어하고 그 격렬성을 순화시킬 완충물이 전혀 없으면 자유는 위험에 처하게 된다.

무제한한 권력은 본래 나쁘고 위험한 것이다. 인간은 그런 권력을 분별력 있게 행사할 능력이 없다. 전능하신 하나님만이 그러한 능력을 가진다. 그 이유는 하나님은 언제나 그의 힘에 부합하는 지혜와 정의를 지니고 있어 그 전능을 불합리하게 사용할 가능성이 없기 때문이다. 지상에서는 존경할 만하고 신성하면서도 무제한적인 전능한 권위를 인정할 만한 권력은 없다. 절대적 지배를 행사할 수 있는 권리와 수단이 인민이나 군주이건, 귀족정이나 민주정이건, 군주정이나 공화정이건 어느 권력에 부여되든지 간에 거기에는 전제정의 씨앗이 싹튼다. 그래서 나는 전능한 권력이 없는 곳에서 살고 싶다.

미국에서처럼 민주주의 제도의 주요한 폐단은 유럽인들이 흔히 주장하듯이 그 제도의 취약성에 있는 것이 아니라 그것이 지닌 막강한 권력에 있다. 미국에서 내가 가장 경계해야할 대상은 지나친 자유라기보다는 전제정에 대해서 충분한 대비책이 마련되어 있지 않은 상태이다. 어느 개인이나 당파가 미국에서 부당한 처우를 당한다면 누구에게 호소할 수 있을까? 여론에 호소하자면 여론도 다수에 의해 주도된다. 입법부도 다수를 대표하며 맹목적으로 다수에 복종하기 때문에 입법부에 호소해도 수용 없다. 행정권에 호소하자니 행정권도 다수에 의해 임명되며 다수에게 소극적 도구 역할을 한다. 공권력은 다수가 무장한 것에 지나지 않으며, 배심원은 다수에게 판결을 선고할 권리를 부여한 것에 지나지 않는다. 심지어 일부 주들에서는 다수가 재판관마저 선출한다. 당신에게 가해지는 조처들이 아무리 부당하고 불합리한 것이라고 해도 당신은 그것에 복종해야 한다. 그런데도 입법부가 필연적으로 다수의 감정의 노예로 전락하는 일이 없이 다수를 대표하도록 구성될 수 있다면, 행정권이 권한을 적절히 나누어 가지도록 구성될 수 있다면 그리고 사법권이 입법권과 행정권으로부터 독립을 유지할 수 있도록 구성될 수 있다면 폭정의 위험성이 거의 없는 민주정부를 이루게 될 것이다.

오늘날 미국에서 폭정이 자주 발생하고 있다는 뜻은 아니다.[2] 정부를 폭정에서 멀어지도록 정부를 순화시키는 요인들이 있다. 그 요인들은 그 법률에 있다기보다는 그 나라의 상황과 관습에서 찾을 수 있다.

2 다수가 횡포를 부려 일어날 수 있는 폐단의 놀라운 사례가 1812년의 전쟁 기간 동안에 볼티모어(Valtimore)에서 발생했다. 당시에 볼티모어에서는 그 전쟁이 주민들로부터 커다란 지지를 받고 있었다. 그 전쟁에 반대 입장을 취한 어떤 신문에 대해 주민들은 분노했다. 군중들은 신문사에 난입하여 인쇄시설을 부수고 신문기자들의 가옥을 습격했다. 군중들의 폭동을 막기 위해 민병대가 소집되었으나 그들은 소집령에 응하지 않았다. 분노한 군중들로부터 생명의 위협에 처한 가련한 신문발행인들을 구하는 유일한 길은 그들을 형사범으로 수감하는 것이었다. 그러나 그런 예방조처마저 소용이 없었다. 군중들은 그날 밤 다시 운집했다. 관리들은 다시 민병대 소집령을 내렸지만 헛일이었다. 감옥이 피습당해 편집인들 가운데 한 사람이 현장에서 피살되고 나머지 사람들은 죽도록 구타당했다. 재판에 회부된

범인들은 배심원들에 의해서 방면되었다.

어느 날 토크빌은 펜실베이니아의 한 주민에게 이렇게 물었다. "죄송하지만 퀘이커교도들이 세웠고 관대하기로 유명한 이 주에서 자유인이 된 흑인들에게 민권행사가 허용되지 않고 있는 이유가 무엇인지 설명해 주십시오. 그들은 납세자입니다. 그들에게 선거권을 부여하는 것이 마땅하지 않습니까?" 그의 대답은 이러했다. "우리 입법자들이 부당하고 관대하지 못한 심한 행위를 저지를 것으로 당신이 생각하신다면, 우리들을 모욕하는 것입니다." "그렇다면 흑인들도 이 나라에서는 선거권을 가지고 있군요?" "물론이지요." "그렇다면 오늘 아침 왜 단 한 사람의 흑인도 투표장에 나타나지 않은가요?" "그것은 법률 탓이 아닙니다. 흑인들은 분명히 유권자이지만 스스로 나타나기를 자제하고 있습니다." "그네들 편에서 상당히 근신을 하는 것이군요." "그렇지요. 사실은 그들도 투표하고 싶은 마음이 없는 것은 아니지만 부당한 처우를 당할까 두려워하는 것이지요. 이 나라에서는 때로 다수의 지지를 받지 못하는 법률은 그 권위를 지킬 수 없지요. 그런데 이 경우에는 다수가 흑인들에 대해서 강렬한 편견을 가지고 있어서 그들이 자신들의 법률에 근거한 권리를 행사할 경우 관리들은 법에 의해 보장된 흑인들의 권리를 보장할 힘이 있다고 생각하지 않지요." "그렇다면 다수는 법률을 만드는 권리뿐 아니라 자신들이 만든 법률을 어길 권리까지도 가지기를 원하는군요."

4. 다수의 만능과 관리의 권한

미국에서 다수가 만능이라는 사실은 입법부의 법률적 전제(伝制)에 유리하며 동시에 관리들의 자의적 권한을 강화한다. 다수는 법률을 만들고 법집행을 감독하는 절대적 권력을 가지고 있다. 다수는 통치자와 피치자에 대해 똑같은 통제권을 갖기 때문에 관리들을 자신들의 소극적 대행자로 간주하고 그들에게 자신들의 계획을 이행할 임무를 기꺼이 맡긴다. 관리들의 임무에 관한 세부사항과 그들이 향유하게 될 특권을 미리 정해주는 경우는 드물다. 다수는 관리들을 주인이 노예 다루듯이 다룬다. 그 이유는 노예들은 언제나 주인이 보는 가운데 일하고 주인은 매 순간 그들을 지도편달 할 수 있기 때문이다.

일반적으로 미국 관리들은 법률로 그들에게 정해진 영역 안에서는 프랑스 관리들보다 훨씬 더 큰 독자적인 권한을 행사한다. 다수는 때로 관리들이 그런 한계를 넘는 것을 허용한다. 미국 관리들은 여론의 보호를 받는 동시에 다수의 지지를 받기 때문에 자의적 권력행사에 이력이 난 유럽 관리라도 해낼 수 없는 중대한 일들을 서슴지 않고 해낸다. 이와 같이 언젠가는 자유에 치명타를 가하게 될 지도 모르는 습관들이 이 자유국가의 내부에서 자라고 있는 것이다.

미국에서 다수의 권력이 유럽에서 익히 알고 있는 모든 권력보다 얼마나 더 강력한지를 알아보려면 미국에서 사상이 어느 정도의 영향력을 발휘하는지를 고찰해 보면 된다. 사상은 어떠한 전제권력에도 굴복하지 않는 눈에 보이지 않으며 이해하기 어려운 권력이다. 오늘날 유럽에서 아무리 절대적인 권력을 지닌 왕이라도 자신의 권력에 적대적인 특정한 사상이 자기네 영토 안에 그리고 자기네 궁정 안에까지 은밀하게 유포되는 것을 막을 수 없다. 미국에서는 사정이 다르다. 다수의 견해가 아직 결정되지 않는 동안에는 토론이 진행되지만 다수의 결정이 일단 공표되고 나면 누구나 입을 다문다. 그에 대해 찬성하던 사람들은 물론 반대하던 사람들까지도 일제히 그 결정을 수용하는 것처럼 보인다. 이런 상황이 벌어지는 이유는 지극히 자명하다. 즉 법률을 만들고 집행하는 권리를 가지고 있는 다수가 하듯이 자기 수중에 사회의 모든 권력을 장악하고 모든 반대를 제압할 만큼 절대적인 권력을 가진 군주는 없기 때문이다.

군주의 권한은 사람들의 행동은 통제하지만 그들의 의지는 억제할 수 없는 외형적인 것에 불과하다. 그러나 다수는 외형적이면서도 도덕적인 권력을 동시에 가지고 있는데, 그 권력은 사람들의 행동뿐 아니라 의지까지도 통제한다.

내가 알기로는 미국만큼 사상과 토론의 진정한 자유가 불충분한 나라도 없다. 유럽에서는 어느 입헌국에서든 온갖 정치적·종교적 이론을 자유로이 설교할 수 있고 전파할 수 있다. 유럽에서는 고난을 당하는 가운데 진실을 내세워 자기주장을 하는 사람을 보호하지 못할 만큼 어느 한 집단이 권력을 독점하고 있는 나라는 없다. 그가 불행하게도 절대권력 아래서 살고 있다면 국민들은 흔히 그의 편을 지지한다. 만일 그가 자유로운 나라에 산다면 정부의 비호를 받기도 한다. 어떤 나라에서는 귀족들의 지지를 받으며 또 다른 나라에서는 민주정치의 보호를 받는다. 그러나 미국에서는 진실을 내세우는 사람이 고난을 받는다 할지라도 다수의 지지를 받지 못한다면 그 어느 누구에도 도움을 호소할 수가 없다.

미국에서 다수는 사상의 둘레에 엄청난 장벽을 세워 그 한계를 설정한다. 작가는 그 테두리 내에서 마음대로 글을 쓸 수 있지만 그 한계를 넘을 경우 그에게는 재앙이 닥칠 것이다. 화형을 당할 위험에 처한 것은 아니지만 지속적으로 비방과 박해를 받아야 한다. 생사여탈권을 가진 유일한 권력인 다수의 기분을 상하게 했기 때문에 그는 정치적 생명을 상실한다. 그는 모든 것을 거절당하며, 영광마저도 얻지 못한다. 그는 자신의 견해를 공표하기 전까지는 동조자가 있다고 생각했지만 일단 자기 생각을 모든 사람에게 공표한 이후에는 동조자를 찾기가 극히 어려울 것이다. 그를 비판하던 사람들은 큰소리로 비난하고 그와 같은 생각을 가진 사람들은 용기를 잃어버린 채 입을 다물고 그에게서 멀어져간다. 매일 기울여야 하는 노력에 짓눌려서 그는 마침내 굴복하고, 진실을 말했던 것을 후회나 하는 것처럼 침묵 속으로 가라앉는다.

군주들이 폭력을 구체적인 것으로 만들었다면, 오늘날의 민주공화정은 폭력을 완전히 마음의 문제로 만들었을 뿐만 아니라 그 폭력이 지배하려고 하는 의지까지도 마음의 문제로 만들었다. 어떤 한 사람이 절대적 통치를 하는 전제정은 피치자의 영혼을 지배하기 위해서는 그의 신체를 공격했다. 그러나 그의 영혼은 타격을 받지 않고 오히려 더욱 고상한 존재로 인정을 받게 된다. 민주공화정에서 다수의 전제권력은 그 반대의 방식을 취한다. 여기서는 신체는 자유를 얻지만 영혼은 얽매인다. "너는 내가 생각하는 대로 생각하지 않으면 죽을 것"이라고 말하는 것이 아니라 "당신은 자유롭게 나와는 다른 생각을 가질 수 있고 생명과 재산 및 당신 소유의 모든 것을 누릴 수 있다. 그러나 지금부터 당신은 우리 국민 가운데에서 이단자가 될 것이다"라고 말한다.

유럽 국가들 중 자부심이 강한 나라에서는 당시의 악정과 우둔함을 비난하려는 저서들이 출간되어 왔다. 라브뤼에르[3]는 왕의 궁정에서 살고 있으면서도 왕인 루이 14세를 비난하는 글을 썼다. 당시 프랑스 희극작가인 몰리에르(1622~73)[4]는 궁정 안에서 공연되는 연극을 통해 왕의 총신들을 비판했다. 그러나 미국에서는 지배 권력에 대해 야유를 보낼 수 없다. 아무리 하잘것없는 비난이라도 지배 권력의 예민한 감정을 자극하며, 아무리 진실에 근거한 하찮은 농담이라도 그것의 분노를 자아내게 된다. 지배 권력인 다수의 언어는 물론 그 지배 권력의 덕성에 이르기까지 모든 것이 찬사의 대상이 되지 않으면 안 된다. 아무리 대단한 명성을 지닌 작가라도 다수의 자기 동포들에게 찬탄의 말을 던지지 않을 수 없다.

3 라 브뤼예르(Ra Bruyere Jean de, 1645~1695)는 프랑스의 파리에서 출생한 모랄리스트로, 주요 저서로는 〈사람은 가지가지〉를 들 수 있다.

4 몰리에르(Molière, 1622~1673년)는 17세기 프랑스의 대표적인 극작가이다.

만일 미국에 아직도 위대한 작가들이 없다면 그 이유는 위에 밝힌 사실들 때문이다. 사상의 자유가 없이는 문학적 천재는 있을 수 없는데, 그 사상의 자유가 미국에는 없다. 가톨릭의 종교재판도 스페인에서 방대한 분량의 반가톨릭 서적들이 나도는 것을 결코 막을 수 없었다. 미국에서는 반종교 서적에 대한 탄압이 굉장한 성공을 거뒀다. 그 이유는 현실적으로 그런 책들을 출판할 의욕을 아예 없애버렸기 때문이다. 미국에서도 불신자를 볼 수 있지만 불신앙을 표방하는 공공기관은 없다. 몇몇 나라에서는 방종한 내용의 책들을 규제하여 윤리를 보호하려고 했다. 미국에서는 이런 책들을 냈다고 처벌받을 사람들은 전혀 없지만 이런 책들을 쓰려는 사람이 없다. 모든 시민들의 품행이 단정하기 때문이 아니라 사회의 대다수가 근실하기 때문이다. 이런 경우에는 권력 행사에 문제가 생기지 않는다. 여기서 내가 논의하고 있는 것은 권력 자체의 본성이다. 권력이 절대적이라는 점은 언제나 있는 일이며 권력을 현명하게 행사한다는 것은 우연한 일에 지나지 않는다.

5. 다수의 절대 권력과 국민성

자유로운 나라에서는 누구나 정도의 차이는 있을지언정 국정에 대한 의견을 제시할 수 있다. 공공생활이 끊임없이 가정생활과 연결되어 있으며, 국가권력은 누구나 접근할 수 있는 곳에 놓여있고, 누구나 큰소리를 침으로써 언제나 권력의 관심을 끌 수 있는 민주공화정에서는 전제왕정에서보다 체제의 약점을 이용하여 이득을 보려는 사람들의 수가 보다 더 많다. 다른 정체의 나라들보다 이런 나라에서 사람들이 천성적으로 악하기 때문이 아니라 그런 쪽으로 이끌릴 유혹이 더 강렬하고 동시에 그 유혹에 더 쉽사리 빠져들 수 있기 때문이다. 결과적으로 더욱 광범하게 국민성이 타락하는 양상이 벌어지는 것이다.

민주공화정에서는 다수에게 호의를 구하는 사례가 널리 퍼져서 곧 모든 계층에게 그것이 관례가 된다. 이런 사태는 미국과 같은 민주주의 국가에서 특히 그렇다. 이런 나라들에서는 다수의 권력이 너무나 절대적이고 막강하기 때문에 개인이 다수가 정해놓은 궤도를 이탈하려 한다면 시민으로서의 자신의 권리를 포기하는 동시에 인간으로서의 자질을 거의 버리지 않으면 안 된다. 그러므로 인간들이 스스로 타락하는 것을 막는 유일한 방법은 어느 누구에게도 무제한한 권력을 주지 않는 것이다. 무제한한 권력은 인간들을 타락시키는 아주 확실한 방법이기 때문이다.

정부가 붕괴하는 것은 대체로 무능이나 폭정 때문이다. 정부가 무능한 경우 권력의 누수현상이 벌어지며 폭정을 자행할 경우에는 권력을 탈취당한다. 민주주의국가에서 무정부상태를 목도한 수많은 관찰자들은 그 나라의 정부가 천성적으로 취약하고 무능하다고 생각한다. 일단 여러 당파들이 상호 투쟁을 시작하면 정부는 사회에 대한 통제력을 잃는다. 그러나 민주적인 권력이 본래 힘도 없고 잠재력도 없는 것이라고는 생각되지 않는다. 오히려 민주정치가 실패로 끝나는 것은 거의 언제나 그 힘과 잠재력을 악용하거나 오용하는 데서 비롯된다. 무정부상태는 힘의 부족에서가 아니라 거의 언제나 폭정이나 무능으로 말미암아 초래되는 것이다.

민주공화정에서는 통치 권력이 안정되어 있지 않다. 그 이유는 권력담당자들이 바뀌어 새로운 방향을 취하는 일이 흔하기 때문이다. 그러나 어떤 방향을 택하든지 그 권력에는 거의 필적할 만한 상대가 없다. 미국 정부는 유럽의 절대왕정의 정부만큼이나 중앙집권화 되어 있을 뿐만 아니라 훨씬 더 큰 활력을 가지고 있다. 따라서 미국 정부가 약하기 때문에 붕괴할 것으로는 결코 생각되지 않는다.

만일 미국의 자유로운 제도가 붕괴된다면 그런 사태는 다수의 절대권력 때문일 것이다. 다수의 절대 권력은 앞으로 언젠가는 소수파를 절망에 몰아넣어서 물리적인 힘에 호소하게 만들지도 모른다. 그렇게 되면 결과적으로 무정부상태가 올 것이지만 그런 사태는 다수의 전제정치에서 비롯되는 것이다.

미국의 제 4대 대통령을 역임한 매디슨[5]은 『더 페더럴리스트』(La Federaliste) 제 51호에서 같은 의견을 다음과 같이 피력하고 있다.

> "사회를 그 지배자들의 억압으로부터 수호하는 것뿐 아니라 사회의 한 부분을 다른 부분의 횡포로부터 지키는 것도 공화정에서는 매우 중요한 일이다. 통치의 목적은 정의이고, 정의 구현은 문명사회의 목적이다. 이점은 이때까지도 그랬고 앞으로도 그럴 것이다."

5 제임스 매디슨(James Madison, 1751- 1836년)은 미국의 제 4대(1809년-1817년) 대통령이며 미국에서 가장 영향력 있는 건국의 아버지 중 한 사람이다. 미국 초대 국회의 리더로서 그는 첫 10개의 수정헌법은 물론 그 외 많은 법안의 초안을 작성했다. 정치 이론가이기도 한 그는 새로운 공화국은 견제와 균형이 필요하다고 믿었다. 그는 새로운 공화국은 귀족정치와 부패와 싸워야 한다고 강력하게 믿었고 미국에 공화주의를 정립하기 위한 메커니즘을 만들기 위해 철저히 헌신했다.

제2장

다수의 폭정을 완화하는 직접적 요인

1. 중앙집권화된 행정의 결여
2. 사법관의 역할
3. 배심원제도

제2장

다수의 폭정을 완화하는 직접적 요인

1. 중앙집권화된 행정의 결여

중앙집권화된 정부와 중앙집권화된 행정은 차이가 있다. 미국에서 전자는 존재하지만 후자는 거의 알려져 있지 않다. 만일 미국의 통치권력이 이 두 가지 통치도구를 겸비하고 그 지배권에다 지배하는 습관까지 갖추게 된다면, 만일 통치의 일반적인 원칙들을 정한 뒤 세부사항에까지 그 원칙들을 적용하려 든다면 또한 국가의 방대한 이해관계를 조절하고 나서 개인의 이해관계에까지 간여하게 된다면, 머지않아 자유는 신대륙에서 사라지게 될 것이다.

그러나 폭군의 취향을 그렇게나 자주 드러내는 다수도 미국에서는 아직도 폭정에 꼭 필요한 완벽한 도구들을 갖추지 못하고 있다. 공화국인 미국에서 중앙정부는 상당한 중요성을 지니는 지극히 한정된 대상의 일들을 제외하고는 아직 한 번도 여러 주들에 대해 지나친 간섭을 벌인 적이 없다. 중앙정부는 사회에서 중요하지 않은 문제를 해결하려 시도한 적이 없다. 또한 이때까지 그런 하찮은 일들에 간여하려는 의도를 품었음을 말해주는 것은 아무 것도 없다. 다수의 권력이 점점 절대적이 되어 왔지만 중앙정부의 지배권을 강화시키지는 않았다. 다수는 중앙정부가 특정 분야[6]에서 절대적인 권한을 갖게 해주었다. 그래서 다수의 전제가 한 가지 사항에 대해서는 가혹할는지 모르지만 다수는 그 전제가 모든 문제에 어떻게 확대되는지는 모른다. 다수파가 아무리 자기네 감정대로

밀고 나가거나 아무리 열렬하게 자기네 계획을 추구한다고 해도, 전국에 있는 모든 국민들을 동시에 똑같은 방식으로 자기네들이 바라는 대로 따르게 만들 수는 없다. 그 다수를 대표하는 중앙정부가 지상권을 행사하려면 그 명령의 집행을 대리인들에게 위임해야 한다. 그런데 중앙정부는 이들 대리인들에 대해서 통제력을 행사하지 못하는 경우가 허다하며 또한 매순간마다 그 대리인들을 이끌 수도 없다. 자치시 기구들, 카운티 (county) 등은 은폐된 수많은 방파제들을 이루고 있으며, 이들 방파제들은 국민의 결의라는 이름으로 자행되는 다수파의 권세를 저지하거나 고립시킨다. 만일 억압적인 법률이 통과된다면 법률을 집행하는 방식에 의해서 자유는 여전히 보호될 것이다. 다수는 세부사항을 건드릴 수 없으며 이른바 행정적 전제에서 나타나는 사소한 내용을 제어할 수 없다. 다수는 그렇게 할 수 있다고 상상조차 못한다. 그 이유는 자신의 권한을 제대로 파악하지 못하고 있기 때문이다. 다수는 본원적인 그 권력의 범위를 알고 있을 뿐 그 권력을 증대시키는 방법은 알지 못한다.

6 예를 들면 국방과 외교 분야이다.

2. 사법관의 역할

미국인들의 법률을 고찰해보면 그들이 사법관에게 위임한 권한과 사법관이 정부 안에서 행사하는 영향력이 민주주의가 잘못된 길로 빠져드는 것을 막아주는 가장 강력한 안전판이라는 것을 알게 된다. 이런 결과는 어떤 일반적인 원인에 기인하는 것 같은데 탐구해 볼 만한 것이다.

법률을 전공한 사람들은 직업상 일정한 질서의 습관, 형식을 좋아하는 취향 그리고 질서정연한 사고를 좋아하는 일종의 본능적 성향을 자신들의 저작 속에 담는다. 이런 성향 때문에 법률가들은 당연히 대중의 혁명정신과 무사려한 감정에 매우 적대적이 된다. 법률가들은 무엇보다도 공공질서에 집착하는데 공공질서의 최선의 보장책은 권력이다.

민주주의정체는 법률가들이 정치권력을 얻는데 유리하다. 부유한 사람, 귀족 그리고 군주가 통치에서 배제될 경우 당연히 권력을 차지하는 것은 법률가들이다. 이들은 높은 수준의 지식과 지혜를 갖춘 유일한 계층이고 국민들이 선택할 수 있는 대상이 되기 때문이다. 그들은 취향으로 봐서는 귀족과 군주에 가까울지라도 이해관계를 따지자면 국민들과 가깝다. 그들은 민주주의체제를 좋아하지만 민주주의정치의 성향에 빠져들지는 않는다. 민주주의국가의 국민은 법률가들을 불신하지 않는다. 그 이유는 법률가들이 민주주의적 대의에 기여하는 데 관심을 가진 것으로 알려져 있기 때문이다. 국민은 법률가들이 어떤 흉계를 꾸미고 있다고 생각하지 않기 때문에 그들의 말에 귀를 기울인다. 사실 법률가들은 민주주의제도를 전복하려 들지는 않지만 비민주적인 방법을 써서 마땅히 나아가야 할 방향에서 이탈하게 만들려고 언제나 노력한다. 법률가들은 태생 및 이해관계의 측면에서는 인민과 같은 편이지만 습관과 취향으로서는 귀족의 편에 속한다. 그들은 사회에서 인민과 귀족 사이를 잇는 가교로 간주될 수 있다.

법률가들의 조직인 법원은 민주정치를 통제할 수 있는 권능을 갖춘 현실적인 기관이다. 판사는 법률을 전공하는 과정에서 얻은 규율과 질서에 대한 선호와는 관계없이 판사 직책의 불가양성(不可讓性) 때문에 부수적으로 안정성을 좋아하게 되는 것이다. 그는 법률가로서의 직업 덕택에 특권계급으로서의 지위를 누리게 된다.

법률의 위헌선포권을 가지고 있는 미국의 사법관은 끊임없이 정치문제에 간여한다. 사법관은 국민에게 법률을 만들도록 강요할 수는 없지만 적어도 국민들 자신이 만든 법률에 복종하도록 강제할 수는 있다. 미국에는 사법권을 축소시키려는 은밀한 성향이 있다. 몇몇 주의 대다수 법률에는 주정부가 상·하양원의 요구에 따라 판사를 해임할 수 있다. 일부 다른 주의 법률에 따르면 사법관들을 선거로 뽑도록 규정하고 있으며, 사법관들은 자주 시행되는 재선거에 응해야 한다.

더욱이 미국에서는 법률가가 법원의 테두리를 넘어서서 널리 영향을 미친다. 법률가들은 지식을 갖춘 유일한 계급으로서 국민의 불신을 받지 않기 때문에 당연히 그들은 대다수 공직에 떠맡도록 요청받는다. 그들은 입법부를 채우고 행정부의 상층부를 형성한다. 그리하여 그들은 법률의 제정과 집행에 커다란 영향을 미친다. 정치에 관계된 법률을 매우 빈번하게 수정했던 미국인들도 민법은 별로 개정하지 않았다. 민법들 가운데 많은 수가 현실 사회상황과는 맞지 않았지만 그것들을 개정하는 데는 많은 어려움이 따랐다. 그 이유는 민법을 개정하기 위해서는 다수가 법률가의 권위에 의존해야 하기 때문이다. 그런데 미국의 법률가들은 그들에게 선택권이 맡겨질 경우 개선하지 않는 쪽을 택한다.

미국에서 발생하는 정치문제는 조만간 사법문제로 전환되지 않는 것이 없다. 그러므로 누구든지 일상 논쟁에서 사법절차에 따라다니는 개념이나 언어까지도 받아들여야 한다. 대부분의 공직자들은 과거나 현재를 통틀어 법률가들이기 때문에 공공업무 처리에 법률업의 관습이나 전문용어들을 받아들인다. 배심원들은 모든 계층의 사람들로 하여금 그런 법률가적인 습관에 익숙하게 만든다. 따라서 법률용어는 어느 정도 일상용어가 된다. 학교와 법원에서 형성된 법률가 정신은 그 기관들의 담을 넘어서 점차 사회 한가운데로 스며든다. 이윽고 최하층계급에까지 이르게 되면 마침내 전체 국민이 사법관의 습관과 취향을 갖게 되는 것이다. 미국에서 법률가들은 국민들에게 별다른 두려움을 불러일으키지 않으며 잘 드러나지 않는 계층이다. 그들은 그때그때의 상황에 유연하게 적응하고 사회의 모든 움직임에 저항 없이 자신들을 조율해 나간다. 그러나 그들은 전체 사회에 영역을 확대하여 사회를 구성하는 모든 계층 속으로 침투한다. 그들은 눈에 띄지 않은 채 나라 전체에 영향을 미치며 종국적으로는 그 자신의 목적에 맞도록 사회의 성격을 변경시키는 것이다.

3. 배심원제도

미국의 사법행정을 논급한 이상 사법제도를 짚고 넘어가지 않을 수 없다. 배심원제도는 사법적 측면과 정치적 측면 등 두 가지 별개의 측면에서 고찰될 수 있다. 배심원제도가 처음 생긴 시기는 간단한 문제들만이 재판되던 사회로서 별로 진보되지 않았던 때였다. 그러나 사람들 상호간의 관계가 놀라울 정도로 복잡해지고 고도로 지적인 성격을 지니게 되는 발달된 문명사회에 그 제도를 적용시켜 나가는 것은 쉬운 일이 아니다.

배심원제도의 정치적 측면을 살펴보려는 것이 지금 내가 의도하는 바이다. 영국인들이 처음 배심원제도를 택했을 당시 그들은 어느 정도 미개 국민이었다. 그 이후 영국인은 전 세계에서 가장 문명화된 국민들 가운데 하나가 되었고, 그들이 배심원 제도에 대해 집착하는 마음은 그들 문명의 진보와 더불어 강렬해졌다. 그들은 영국을 벗어나 전 세계에 배심원제도를 전파해왔다. 어떤 영국인들은 식민지를 건설했고, 어떤 이들은 독립 국가를 세웠다. 본국인 영국은 입헌군주제를 유지해왔지만, 이주 영국인들이 세운 몇몇 국가들은 강력한 공화국이 되었다. 그렇지만 영국인들은 도처에서 배심원제도를 권장하였다. 영국인들은 모든 정착지에서 이 제도를 수립했거나 서둘러 재수립했다. 이처럼 오랜 세월 동안 위대한 국민의 지지를 받아서 어떤 풍토에서나 어떤 형태의 정부 아래서나 어떤 문명단계에서도 끈질기게 되살아나는 사법제도라면 사법정신에 어긋나지 않을 것이다.

그러나 이런 측면의 논의는 그만두자. 배심원제도를 단순한 사법제도로 간주하는 것은 지극히 좁은 소견이 될 것이다. 이 제도는 법원의 판결에 아무리 큰 영향을 미친다할지라도 사회의 운명에도 여전히 훨씬 큰 영향을 미치기 때문이다. 무엇보다도 배심원제도는 정치제도이며 그것을 정당하게 평가하기 위해서는 이런 측면에서 다뤄야 한다.

배심원이란 추첨으로 뽑힌 일정한 수의 시민들로서 일시적인 판결권을 가진 사람들을 말한다. 범죄 방지를 위해 배심원제도를 적용하는 것은 다음과 같은 이유로 지극히 공화주의적인 요소를 통치에 도입하는 것처럼 보인다. 배심원제도는 배심원을 배출하는 계급에 따라서 귀족적일 수도 민주적일 수도 있다. 그러나 이 제도는 사회의 실질적인 지배권을 통치자에 손에 맡기지 않고 피지배자 혹은 피지배자의 일부의 수중에 맡긴다는 점에서 언제나 공화적인 성격을 지닌다. 폭력은 일시적인 성공의 요소 이상은 결코 못된다. 그래서 폭력 다음에는 권리의 개념이 등장한다. 적을 전장에서만 마주치기를 기다리는 정부는 얼마 지나지 않아 멸망할 것이다. 정치적 법률에 의한 실질적인 제재는 형법에 나타나 있다. 만일 그 제재가 부족하다면 그 법률은 조만간 힘을 상실할 것이다. 따라서 범죄자를 판결하는 사람이 사회의 실질적인 지배자이다. 그런데 배심원제도는 국민을 혹은 적어도 한 계급의 시민을 사법관의 지위로 이끌어 올린다. 결과적으로 배심원제도는 사회의 지배권을 국민 혹은 그 계급의 시민들에게 부여하는 것이다.

영국에서 배심원들은 국민들 중 귀족 가운데서 선발된다. 귀족들은 법률을 만들고 적용하며 법률을 어기는 자를 처벌한다. 그러므로 영국은 진정으로 귀족공화국이다. 미국에서는 동일한 제도가 전체 국민에게 적용되고 있다. 미국 시민은 모두 피선거권자이자 유권자인 동시에 잠재적 배심원이다. 미국의 배심원제도는 보통선거제도와 마찬가지로 국민주권 원칙에서 직접적으로 비롯된 것이다. 동일하게 강력한 두 가지의 수단이 다수의 지배에 기여한다. 자기들 스스로에게서 권력의 정당성을 이끌어내기를 원했던 왕들[7]은 모두 배심원제도를 파괴하거나 약화시켰다. 영국 튜더왕조[8]의 군주들은 자신들의 뜻에 따른 판결을 내리지 않으려는 배심원들을 투옥했으며 나폴레옹은 자신의 대리인들로 하여금 배심원들을 선출하도록 만들었다.

7 왕은 권력을 신으로부터 부여받았다는 이론이 바로 왕권신수설이다. 이것을 주장한 자들은 바로 근대 유럽 절대주의 시대의 왕들이다.

8 장미전쟁을 수습하고 즉위한 헨리 7세(Henry VII)가 튜더왕조의 개창자이다. 그는 장미전쟁에 따른 유력 귀족의 몰락을 이용하여 왕실 재판소인 성실청(星室庁)을 재편하고 왕권을 강화하는 등 절대주의의 기초를 구축하였다. 이 기초 위에 그의 아들 헨리 8세(Henry VIII)는 종교개혁을 단행하여 로마 교황청과 절연하고 영국 국교회를 수립하였으며 종교도 왕권 밑에 들게 하여 절대주의를 더욱 공고히 하였다.

적어도 프랑스에서는 배심원제도가 여전히 제대로 이해되지 못하고 있다. 배심원 자격의 적절성에 관해 시비가 생기면, 배심원제도가 그저 사법제도에 지나지 않는 것처럼 배심원으로 선출된 시민들이 어느 정도의 지식과 능력을 보유하고 있는 가를 토로하는 데 그친다. 이런 것은 배심원제도에 관한 한 가장 중요하지 않은 부분이다. 배심원제도는 무엇보다도 정치적 제도이다. 그것은 국민주권의 한 가지 형태로 간주되어야 한다. 즉 국민주권이 배척당한다면 배심원제도도 철저히 거부될 것임에 틀림없다. 그렇지 않을 경우 국민주권의 기초가 되는 법률에 따라서 그 제도는 운용될 것이다. 입법부가 국민 가운데서 법률을 만드는 자들이라면 배심원은 법집행의 보장을 떠맡은 자들이다. 입법자들이 커다란 관심을 기울여야 하는 것은 그러한 관점이라고 생각한다. 사회가 일관성있게 통일적으로 다스려지기 위해서는 배심원 자격을 갖춘 시민의 수가 유권자의 수에 좌우될 것임에 틀림없다. 이런 점에 대해 입법자가 가장 큰 관심을 기울여야 한다.

배심원제도가 민사사건에도 적용될 경우 그 운용은 언제나 눈에 띈다. 사회의 모든 이해관계가 그 제도의 영향을 받으며 누구나 그 운용에 협력한다. 따라서 그 제도는 일상생활의 모든 부분에 파고들어 사람들이 마음속으로 그 특유한 형태를 받아들이게 만들며 점차 정의의 개념 자체와 동일시되는 것이다.

배심원제도는 형사사건에만 한정될 경우 언제나 위험에 빠진다. 그러나 그 제도가 민사사건에 일단 도입된다면 인간이 오랜 세월에 걸쳐 가하는 여러 가지 침해에 용감히 맞선다. 만일 배심원제도를 영국의 법률로부터 제거하는 것만큼이나 쉽게 영국의 관습으로부터 제거할 수 있었다면, 그 제도는 튜더 왕조 아래서 사멸됐을 것이다. 사실상 당시에 영국에서 자유를 수호한 것은 민사사건 배심원들이다. 배심원제도는 어떤 식으로 적용되든지 간에 반드시 국민성에 강력한 영향을 미친다. 그 제도가 민사사건에 적용됨에 따라 그 영향력은 엄청나게 증가한다. 배심원 특히 민사 배심원은 모든 시민들의 마음속에 사법관의 정신을 불어넣는 데 기여한다. 그리하여 사법관의 정신은 관습화되는 것이다. 그 정신 덕분에 모든 계급의 사람들은 판결된 사건에 대한 존중심을 가지게 된다. 이런 두 가지 요소가 없어진다면 독립성을 애호하는 마음은 파괴적인 감정에 지나지 않게 된다. 그리하여 사람들은 배심원 제도를 통해서 평등성을 실천에 옮기는 것을 배운다. 모든 사람은 이웃을 판단하면서 자신도 판단 받을 수 있다는 사실을 배운다. 이것은 특히 민사사건의 배심원들의 경우 사실이다. 형사소추의 대상이 되는 것을 두려워하는 사람은 거의 없다. 형사사건을 이해할 수 있는 사람들의 숫자는 적은 반면에 누구든지 민사상의 고소를 당할 수 있기 때문이다. 배심원제도는 모든 사람에게 자기 자신의 행동에 대한 책임을 떳떳이 질 것을 가르치고 또한 정치적 덕성의 토대가 되는 당당한 기질을 심어준다. 그 제도는 모든 시민에게 일종의 공무담임 정신을 주입한다. 모든 시민들에게 그들이 사회에 대한 의무와, 그들이 정부 안에서 맡아야 할 역할을 깨닫게 만든다. 그 제도는 자기 자신의 일보다는 남의 일에 관심을 가지게 만들어서 사회에 해악을 끼치게 될 사사로운 이기심을 없애는데 기여한다.

배심원제도는 국민의 판단력과 지혜를 증가시키는 데에 큰 도움이 된다. 이 제도는 그 자체에 커다란 이점을 가지고 있다. 그 제도는 누구에게나 개방되어 있는 무료 공립학교다. 이 학교에서 배심원은 누구든지 자신의 권리를 배우고 상층계급의 가장 학식 있고 견식 있는 사람들과 날마다 사귀게 되고 실질적으로 법률을 익히게 된다. 미국인들의 현실적인 지혜와 정치적 상식은 주로 그들이 민사사건에 배심원 제도를 오랫동안 활용해온 덕분이라고 생각한다. 배심원제도가 고소를 당하는 당사자들에게 유용한지는 잘 모르겠지만 그들을 판결하는 사람들에게는 지극히 유익하다는 점은 확실하다. 나는 그 제도가 국민을 교육시키기 위해 사회가 사용할 수 있는 가장 효과적인 방법이라고 생각한다.

배심원들은 판사를 신뢰하고 존경심을 가지고 그의 말에 귀 기울인다. 왜냐하면 판사는 자신들보다 훨씬 많은 지식을 지녔기 때문이다. 배심원들의 기억력을 무디게 만드는 여러 가지 주장들을 이해하기 쉽게 만들어주고 또한 우여곡절이 뒤섞인 사건의 과정 속에서 그들을 인도해주는 사람이 판사이다. 판사는 그들이 판결해야하는 계쟁점에 주의를 환기시키고 법률문제에 대해서 답변하는 방법을 그들에게 가르쳐준다. 배심원들에 대한 판사의 영향은 거의 무제한하다. 민사사건에서 배심원은 판사의 판결을 재가할 따름이다. 그들은 자신들이 대표하는 사회의 권위에 의해서 판결을 재가하며 판사는 이성과 법률의 권위에 의해서 판결한다.

영국과 미국에서는 판사들이 형사재판에서 프랑스의 판사들이 가져보지 못한 영향력을 행사한다. 이런 차이가 생기는 이유는 간단하다. 영미의 사법관들은 민사사건에서 그들의 권위를 세웠고, 나중에 다른 종류의 재판에도 그 권위를 확대한다. 일부 사건의 경우 —그 사건들은 흔히 가장 중요한 사건들이지만— 미국의 판사들은 단독으로 사건을 판결할 권리를 갖는다. 연방판사들은 거의 언제나 직접적으로 정치에 관한 문제들만을 판결한다. 이런 사건들의 경우에 미국 판사들은 프랑스 판사들이 일상적으로 차지하는 지위를 우연히 가지게 되지만 훨씬 더 큰 도덕적인 힘을 가진다. 그들의 둘레에는 아직도 배심원들의 후광이 남아 있고 그들의 판결은 배심원제도가 대표하는 사회의 여론만큼이나 권위를 가진다. 그들은 법원의 범위를 훨씬 넘어 영향력을 확대해나간다. 눈코 뜰 새 없는 공공업무뿐 아니라 편히 쉬는 개인생활에서도, 공중 앞에서나 의회에서도 미국의 판사는 그의 지혜가 자기네들보다는 우월하다고 여기는 데 익숙한 사람들에게 언제나 둘러싸여 있다. 사건 판결에 영향력을 행사한 뒤에도 그는 공무에서 그와 함께 행동한 사람들의 사고습관과 성격에까지도 계속 영향력을 행사한다.

그렇다면 사법관의 권리를 제한하는 것처럼 보이는 배심원제도는 실제로는 그의 권리를 공고하게 만든다. 국민들이 사법관들의 특권을 함께 누리는 나라만큼 사법관들의 권력이 강력한 나라도 없다. 특히 민사사건의 배심원제도를 통해서 미국의 사법관들은 사회의 최하층계급에까지 법률가들의 정신을 불어넣고 있다. 따라서 배심원제도는 민주정치에 가장 큰 활력을 불어넣는 수단이기도 하지만 또한 국민에게 어떻게 훌륭한 민주정치를 실시할 것인가를 가르치는 가장 효과적인 교육수단이기도 하다.

제3장

자연환경, 교육, 법률 및 관습의 역할

1. 하나님의 뜻
2. 교육의 영향
3. 자연환경과 법률 및 관습의 영향
4. 사회 평등과 관습의 순화

제3장

자연환경, 교육, 법률 및 관습의 역할

1. 신의 뜻

미국에서 민주주의체제 유지에 기여하는 주요 요소로는 자연의 섭리에 따라 미국인들이 처한 독특하면서도 우연한 상황, 교육 및 법률, 국민들의 생활태도 및 관습을 들 수 있다. 인간의 의지와는 관계없는 수많은 상황들이 미국에서는 민주공화국의 유지를 용이하게 만든다. 이들 원인 가운데 어떤 것은 이미 알려져 있고 어떤 다른 원인들은 쉽사리 지적될 수 있다. 그러나 나는 그 원인들 중에서 주요한 것들을 설명하는데 한정할 것이다.

미국은 강대한 이웃 나라가 없다. 덕분에 미국인들에게는 염려할 만한 큰 전쟁도, 재정적 위기도, 침략이나 정복당할 위험도 없다. 그들에게는 과중한 세금부담도 없으며, 강력한 군사력이나 위대한 장군들도 필요하지 않다. 또한 이 모든 폐단을 모두 합친 것보다도 공화국에게는 더욱 엄청난 해를 끼치는 재앙이라고 할 수 있는 군사적 영광을 누리는 자들[9]로 인해서 염려할 것도 없다. 한 국민의 정신에 대해서 군사적 영광을 누리는 자들이 미치는 말로 할 수 없는 영향력을 부정할 수 없다. 두 차례나 대통령으로 뽑힌 앤드류 잭슨 장군은 성격이 거칠고 재능이 평범한 인물이다. 그의 모든 경력 어디를 들추어보아도 자유로운 국민을 다스릴 자격이 그에게는 없었다. 사실상 미국의 대다수 지식계층은 언제나 그에게 반대했다. 그런데도 그는 대통령에 당선됐다. 20년 전 뉴올리언스의 성벽[10] 아래에서 그가 거둔 승리의 기억 덕분에 대통령이 되었던 것이다. 그러나 그 승리라는 것도 대단하지 않은 것이었으며 전쟁이 드문 나라에서나 기억에 남을 승전에 불과했다.

9 예를 들면 나폴레옹은 유럽을 제패하는 군사적 영광을 누렸다. 프랑스는 나폴레옹 덕분에 영광을 누렸지만, 그 대가로 프랑스 국민들은 나폴레옹의 독재에 시달렸던 것이다. 프랑스 국가의 군사적 영광을 위해 국민 개인의 자유가 희생된 것이다.

10 미국이 독립한 이후에도 영국 군함은 미국 상선을 격파하곤 했다. 이로 인해 미국은 영국에 대한 적대감이 커져만 갔다. 미국은 독립한지 50여년 만인 1812년 7월 18일에 마침내 영국에 선전포고를 했다. 3년에 걸친 '미영전쟁'이 일어난 것이다. 전쟁은 쉽게 미국의 승리로 끝날 것처럼 보였다. 영국은 당시 5,000km나 떨어져 있었고 소수의 영국군이 캐나다 지방에만 주둔하고 있었던데 비해, 미국은 캐나다 인구의 15배가 넘는 인구를 가지고 있었기 때문이다. 그러나 연방파의 본거지인 뉴 잉글랜드 지방은 전혀 전쟁에 협조하지 않았다. 오히려 1814년 나폴레옹이 몰락하자, 영국은 본격적으로 미국에 대한 공격을 개시, 영국군 정예 병사 4,000여명이 메릴랜드에 상륙하여 수도 워싱턴을 쑥대밭으로 만들고 국회의사당, 백악관에 불을 질렀다. 1814년 9월 14일 밤 메릴랜드의 맥헨리 요새도 영국군에게 처참히 짓밟혔다. 그러나 미국은 영국군에게 거세게 저항하였다. 1814년 12월 24일 켄트평화조약이 맺어져 양국은 종전을 선포하였으나, 뉴올리언스에서는 당시 장교 '앤드류 잭슨 장군이 지휘하는 미국군과 영국 정예군이 격돌하였다. 이 전투는 영국군이 2,037명의 전사자를 낸데 비해 미군은 단지 21명만이 전사하는데 그쳤을 정도로 미국 역사에서 가장 빛나는 승리를 가져다주었다. 이 전투의 주 무대가 뉴올리언스의 성벽이었던 것이다.

미국의 민주제도를 수립하는 동시에 유지시키는 데 기여한 여타 요인들을 열거하기는 쉬울 것이다. 나는 그 중에서 두 가지 중요한 사항을 지적한다. 미국인들의 기원 즉 그들의 출발점이 오늘날 미국 번영의 기초가 되는 가장 효과적인 원인의 하나다. 미국인들은 천운을 타고났다. 그들의 조상은 그 나라에 평등과 지식이 지배하는 풍토를 도입했는데, 이 덕분에 그 나라에서는 아주 당연하게 민주공화국이 자라났다. 이것으로만 그치는 것은 아니었다. 사회의 이와 같은 공화적인 상황 말고도 초기의 이민자들은 자기네 후손들에게 공화정의 성공에 가장 기여할 수 있는 관습, 생활태도 그리고 식견을 물려줬다. 이와 같은 기초적인 사실의 결과들을 돌이켜 볼 때, 미국 해안에 최초로 상륙한 청교도들의 정신 속에 미국의 앞날이 예견되었던 것이다.

미국에서 민주공화정의 수립과 유지에 유리했던 주요한 상황은 미국인들이 살고 있는 영토의 본질에 있다. 그들의 조상은 그들에게 평등과 자유를 애호하는 마음을 물려주었다. 게다가 하느님은 그들을 무한한 가능성이 있는 새로운 대륙에 풀어놓음으로써 그들에게 자유롭고 평등하게 남아 있을 수 있는 수단을 부여했다.

국민이 전반적으로 누리는 번영은 모든 유형의 정부의 안정에 유리하다. 그것은 특히 민주정부의 안정에 유리하다. 법률과는 관계없는, 전반적인 번영을 촉진하는 자연적인 요인들이 역사상 어느 다른 시기에 지상의 어떤 다른 나라에 있었던 것보다도 미국에 더 많았다. 미국에서는 법률도 민주적일 뿐 아니라 자연 자체도 국민이 지향하는 바에 유리하게 작용한다.

미국의 황무지들은 신세계의 대서양 연안에 매년 몰려오는 유럽이민들로 채워진다. 유럽인 이민들은 보통 친구도 없이 때로는 재산도 없이 미국에 도착한다. 유럽인들은 유럽의 오두막을 떠나서 대서양 건너편의 해안으로 향하고 바로 그 해안에서 태어난 미국인은 대륙 중심부의 황무지 속으로 나아간다. 수백만의 사람들이 동시에 똑같은 지평선을 향해서 나아가고 있다. 그들의 언어, 종교, 생활태도는 서로 다르다. 그러나 그들의 목적은 같다. 서부의 어딘가에 그들에게 약속된 행운이 있는데 그들은 그것을 찾아서 서부로 나아가는 것이다.

미국인들의 서부 대이동이 가져올 먼 장래의 결과는 아직 우리들이 알 수 없다. 그러나 곧이어 일어날 그 결과는 쉽사리 이해할 수 있다. 어떤 이 주들은 주민들의 일부가 매년 자기들이 태어난 주들을 떠나기 때문에 생긴 지 오래되었을지라도 인구 증가가 매우 느리다. 그래서 아직도 평방마일 당 주민 수가 59명에 불과한 코네티컷 주의 인구는 지난 40년 사이에 4분의 1 이상의 증가를 보이지 못했다. 반면에 영국의 인구는 같은 기간 동안에 3분의 1이 증가했다. 유럽 이민들은 땅은 넓은데 비해 노동력이 항상 부족한 나라인 미국을 찾는 것이다. 그들은 생계 꾸리기 쉬운 상황에서 노동자가 되고 그들의 자녀는 인적이 없는 지역으로 행운을 찾아 나아가서 부유한 지주가 된다. 아버지가 돈을 모은다면 아들은 투자하는 것이다. 토박이는 물론 외래인도 결핍을 모른다.

미국의 법률은 토지의 분할에 지극히 유리하게 되어 있다. 그러나 법률보다 더 강력한 요인이 토지가 지나치게 분할되는 것을 막고 있다. 이런 현상은 마침내 인구밀도가 높아지기 시작하고 있는 주들에서 현저하게 드러나고 있다. 매사추세츠 주는 미국에서 가장 인구밀도가 높은 곳이지만 평방마일 당 80명의 주민밖에 없으며 그런 인구밀도는 같은 면적에 162명이 있는 것으로 산출되고 있는 프랑스보다 훨씬 적은 것이다. 그러나 매사추세츠 주의 토지는 더 이상 분할되는 일이 아주 드물다. 법률로 폐지되었던 장자상속권이 상황에 따라 우연하게 되살아난 것이다.

이처럼 뉴잉글랜드[11]를 떠나서 황무지에 정착한 사람들의 엄청난 숫자를 나타내는 데는 한 가지 사실만으로 족할 것이다. 1830년에 하원의 원들 가운데 36명이 작은 주인 코네티컷 주 태생이었다. 미국 인구의 43분의 1에 지나지 않는 인구를 가진 코네티컷 주 출신이 전체 하원의원의 8분의 1인 35명에 달했다. 그들 중 코네티컷 주 자체의 하원의원은 5명에 불과하며, 나머지 31명의 의원들은 서부의 신생 주들을 대표하고 있다. 이들 31명의 개인들이 코네티컷 주에 남아 있었다면 그들은 부유한 지주들이 되기보다는 보잘것없는 노동자로 남아 있거나 공직에 나아가지 못한 채 무명 시민으로 살고 있을 것이며, 또한 유능한 입법자가 되기보다는 질서를 모르는 시민들이 되었을 개연성이 높다.

11 뉴잉글랜드는 메인 · 뉴햄프셔 · 버몬트 · 매사추세츠 · 코네티컷 · 로드 아일랜드의 6주에 걸친 미국 동북부의 지역이다. 뉴잉글랜드는 그 명칭대로 영국계 이주민이 많이 살아온 곳이다. 버지니아가 남부 식민의 중심이 된 것과 같이 뉴잉글랜드는 북부 식민의 중심이 되었다. 1620년 메이플라워호(號)를 타고 온 102명의 청교도가 현재의 보스턴 남쪽에 상륙하여 그곳에 플리머스 식민지를 형성한 것이 뉴잉글랜드의 기원이다. 역사적인 면에서 이 지방 이민의 대부분은 신교도 중에서도 가장 엄격한 청교도로, 풍속·습관·사회제도에 있어 근면 · 검소하고 도덕을 준수하는 생활을 하였다. 더구나 최초의 식민자가 교양 있는 중산계급으로 교육에 열의가 있어, 하버드대학을 비롯하여 예일 · 브라운 · 매사추세츠공과대학 등의 유명한 대학을 일찍부터 설립하였다. 또한 18세기 이후에는 이주자가 적어 영국계 이민이 중심을 이루며 이 지방 특유의 뉴잉글랜드 기질이 조성되었다. 그 후 이 지방보다 좋은 토지를 찾아 이주해나가는 사람이 많아짐에 따라 뉴잉글랜드 기질은 전국 각지에 전파되어 미국인의 정신적 지주가 되었다. 오늘날에도 많은 미국인에게 뉴잉글랜드는 마음의 고향으로 간직되고 있다.

미국인들은 행운이 던져주는 엄청난 선물을 차지하기 위해서 탐욕스럽게 달려 나간다. 그것을 얻으러 가는 과정에서 그들은 인디언의 화살과 숲속의 전염병을 두려워하지 않는다. 그들은 밀림의 정적을 개의치 않으며 짐승이 다가와도 동요하지 않는다. 생명보다도 더 강렬한 감정에 의해 밀려가고 있기 때문이다. 그들의 앞에는 끝없는 대륙이 펼쳐져 있고 그들은 마치 시간에 쫓겨서 자신의 노력에 대한 대가를 찾지 못할까 두려워하는 듯이 앞으로 나아간다.

나는 세워진지 좀 더 오래된 주들로부터 이주현상에 대해 언급했지만 생긴 지 얼마 되지 않은 주들로부터 벌어지고 있는 이주현상은 어떻게 설명해야 되겠는가? 오하이오 주[12]가 세워진 지는 50년이 채 되지 않았다. 그 주민들의 대다수는 그 주에서 태어나지 않았다. 오하이오 주의 수도는 생긴 지 30년이 되지 않았으며, 그 영토의 대부분은 아직도 엄청난 크기의 개간되지 않은 들판이다. 그러나 오하이오 주민은 이미 서쪽을 향해 나아가고 있으며 일리노이 주의 비옥한 평원으로 내려온 이주자들은 대부분 오하이오 주의 주민들이다. 이들은 자기들의 생활환경을 개선하기 위해서 첫 번째 정착지를 떠났으며 생활환경을 더욱 개선하기 위해서 둘째 번 정착지를 버렸다. 어디에서나 그들을 기다리는 것은 행운이었지 행복은 아니었다. 잘 살려는 욕망은 그들의 마음 속에 안주하지 못하는 강렬한 감정을 키웠다. 그들은 일찍이 자신들을 고향에 묶어두는 인연의 끈을 끊었으며 떠나오는 과정에서도 새로운 인연의 끈을 맺지 않았다. 이주하는 것은 처음에는 그들에게는 피치 못할 사정이었다가 얼마 있지 않아서 일종의 도박이 되고 있다. 그들은 그 도박이 가져다주는 소득뿐 아니라 그 도박이 일으켜주는 감흥을 즐기고 있는 것이다.

12 오하이오주의 대부분은 북아메리카 중앙평원에 속하며 평야와 산지로 이어진다. 동부에는 애팔래치아산맥 기슭의 구릉과 산지들이 있다. 오하이오주를 흐르는 강 중에서 약 20%가 이리호로 유입되며, 나머지는 오하이오-미시시피 수계로 흘러들어간다. 북쪽으로 미시간

주와 이리호(湖), 동쪽으로 펜실베이니아주·웨스트버지니아주, 남쪽으로 켄터키주, 서쪽으로 인디애나주와 경계를 이룬다.

유럽에서는 안주하지 못하는 성격, 끝없는 재물욕 및 너무 지나친 독립심 등이 사회의 존립을 위태롭게 할 아주 위험한 요인으로 간주되곤 한다. 그러나 이런 요인들은 바로 미국에서 평화스런 미래를 보장하는 요소들이다. 신세계가 현재 가지고 있는 행운이 엄청난 것이기 때문에 주민들의 덕성뿐 아니라 그들의 악폐까지도 사회에 유리한 것이 되고 있다. 이런 상황은 동서반구에서 인간행동을 바라보는 견해에 엄청난 영향을 미치고 있다. 우리가 탐욕이라고 부르는 것을 미국인들은 흔히 칭찬할 만한 근면성이라고 부른다. 그들은 우리가 절제하는 덕성이라고 부르는 것을 심약한 성향이라고 비난한다.

2. 교육의 영향

미국에서 뉴잉글랜드주의 시민은 누구든지 자기 종교의 교리와 간증, 자기 나라의 역사 및 헌법의 주요 특징을 배운다. 코네티컷주와 매사추세츠주에서는 이런 모든 사실들을 제대로 모르는 사람을 찾아보기는 어렵다. 이런 사실을 전혀 모르는 사람은 이상한 사람으로 여겨진다. 그러나 뉴잉글랜드에 해당되는 것이 무차별적으로 미국 전체에 적용될 수는 없다. 서부와 남부지방으로 나아갈수록 주민의 교육 수준은 낮다. 멕시코 만에 인접한 주들에서는 프랑스에서와 마찬가지로 상당수의 사람들이 교육을 받지 못했다. 그러나 미국에서는 완전히 무지몽매한 지역은 한 곳도 없다. 그 이유는 아주 간단하다. 유럽 민족들은 야만상태의 암

혹으로부터 출발해서 오랜 세월에 걸쳐 문명을 발전시켜 왔다. 문명의 진보 속도는 민족마다 상이하다. 일부 민족의 문명은 진보 속도가 빨랐던 반면에 다른 민족들은 여전히 정체 상태에 머물러 있다.

미국의 경우는 이와는 달랐다. 영국계 미국인들은 문명화된 채로 미국 땅에 정착했다. 처음부터 배우기를 시작할 필요가 없었던 그들은 영국에서 얻었던 기존 지식을 잊지 않은 것으로 족했던 것이다. 이제 이들 미국인의 후손은 자신들의 주거지를 황무지로 옮겨갈 때 이미 얻은 지식과 지식에 대한 존경심을 함께 가지고 갔다. 교육을 통해서 그들의 지식의 유용성을 배웠으며 후손들에게 지식을 전수할 수 있었다. 그리하여 미국 사회는 유년기를 거치지 않고 바로 성숙한 단계에 접어든 것이다.

이 심성을 고쳐주는 윤리교육과 동떨어지지 않은 곳에서는 항상 그러리라고 나는 생각한다. 그러나 이런 이점을 과장하고 싶은 마음은 없다. 많은 유럽인들이 생각하듯이 읽기와 쓰기를 가르치기만 하면 사람들을 곧바로 시민으로 양성할 수 있다는 생각은 아직 하지 않고 있다. 진정한 지식은 주로 경험에서 우러난다. 미국인들이 자치에 점진적으로 익숙해지지 않았더라면 오늘날 교육을 받는다고 해도 민주주의 발전에 그리 도움은 되지 못할 것이다.

나는 미국에서 많은 사람들을 만났다. 내가 그들의 경험과 상식을 얼마나 존경하는지 글로 표현할 수 없을 지경이다. 미국인에게 유럽에 대해서 말하게 해서는 안 된다. 그 이유는 그가 십중팔구 심한 선입견과 아주 어리석은 자만심을 드러낼 것이기 때문이다. 그러나 그에게 자신의 나라에 관한 문제를 제기한다면 그의 지성은 갑자기 빛을 발할 것이다. 그는 분명하고 정확하게 사고하고 말할 것이다. 그는 자신의 권리가 어떤 것인지, 어떤 방법으로 그 권리들을 행사하는지 알려줄 것이다. 그는 정치가 어떠한 관행을 따라 이루어지는지를 알 수 있다. 미국인이 행정의 여러 규칙이나 법률의 작동원리를 잘 알고 있다는 사실이 드러난다. 미국의 시민은 실제적인 지식과 실증적인 사상들을 책을 통해서 얻지 않는다. 그는 자신이 받은 교육 덕분에 그러한 사상을 받아들일 준비를 갖출 수 있었을 것이다. 그러나 교육이 그런 사상들을 제공하지는 않았다. 미국인은 법률운용에 참여함으로써 법률 지식을 배우며 스스로 다스리는 행위를 통해서 통치의 여러 형식을 깨우친다.

미국에서는 정치가 교육의 종착점이자 목표이다. 유럽의 경우 교육의 주요 목적은 사람들을 사생활에 적응시키는 일이다. 공무에 시민들이 간여하는 일은 매우 드문 일이어서 미리 예견될 수 없다. 동양사회는 물론 서양사회를 일별해보면, 각 사회의 외양에까지 그 차이가 드러난다. 유럽에서는 흔히 사생활의 사고방식 및 습관을 공무에 개입시킨다. 사사로운 가족문제로부터 곧장 국가통치로 화제가 전환될 때, 우리 유럽인들은 중요한 사회적 문제들을 마치 친구와 대화하는 방식으로 논의하곤 한다. 반면에 미국인들은 공공생활의 습관을 사적인 생활에도 거의 항상 적용한다. 미국에서는 배심원제도가 어린 학생들의 놀이에 나타나며, 의회 운영 절차가 사적인 연회의 순서에도 적용됨을 알 수 있다.

3. 자연환경과 법률 그리고 관습의 영향

미국의 민주주의 제도를 유지하는 데는 평등한 사회상태, 법률 그리고 관습이 각기 기여하고 있다. 대다수 유럽인들은 이들 세 가지 원인들 가운데 첫 번째인 평등한 사회상태가 기여하는 것만을 알고 있다. 이 때문에 그들은 실제로 크게 중요한 역할을 하지 않은 평등한 사회상태가 민주주의 제도의 유지에 가장 큰 기여를 하는 것으로 오인하는 경향이 있다.

영국계 미국인들이 사회적으로 평등한 상태로 신대륙에 정착한 것은 사실이다. 그들에게는 하층민도 귀족도 없었다. 따라서 사회의 조건이 민주적이기 때문에 민주주의 체제는 별 어려움 없이 정착했다. 그러나 이와 같은 평등한 사회상태가 미국에만 고유한 것이 아니다. 북아메리카의 거의 모든 식민지들은 서로 평등한 사람들에 의해서 그리고 그 식민지들에 거주함으로써 평등해진 사람들에 의해서 세워졌다. 신대륙의 어느 한곳에서도 유럽인들은 귀족정치를 이룰 수 없었다. 그럼에도 불구하고 민주제도는 다름 아닌 미국에서만 번성하고 있다.

미국의 영토는 인간의 활동에 유리한 광활한 공간이 되고 있다. 산업발전에 필요한 자원을 무진장 제공하고 있다. 재산을 모으려는 욕망이 정치 욕망을 대신하고, 번영을 누리겠다는 의식이 파당의 열기를 식혀준다. 남아메리카는 비옥한 들판, 엄청난 하천 또는 아직 개발되지 넓은 지역을 갖추고 있을지라도 민주제도를 유지할 수 없다. 자연환경이 유사하다고 해서 북아메리카와 남아메리카 사이에 비슷한 민주주의체제가 생겨나는 것은 아니며 남아메리카의 민도가 유럽국가들의 수준 이상으로 끌어올려지지는 않는다. 그러므로 자연환경은 생각만큼 국가의 운명에 그리 큰 영향을 미치지 못한다.

편히 살 수 있는 고향을 떠나 황무지에서 행운을 구하려는 뉴잉글랜드 출신 주민들을 만난 일이 있다. 그 지역에서 멀지 않은 캐나다의 한 지방에서는 프랑스계 주민들도 만났다. 이들 프랑스계 주민들은 미국인들이 찾아나선 것과 똑같은 황무지를 앞에 두고서도 좁은 영역에 몰려 살고 있었다. 미국으로 건너오는 이주민들이 단기간의 노동으로 번 소득을 가지고 서부의 광활한 토지를 사들이는 반면, 프랑스계 캐나다인들은 프랑스에서와 마찬가지로 좁은 거주지에 있는 땅을 비싼 값에 사고 있었다.

자연은 신세계의 광활한 황무지를 유럽인들에게 또한 안겨주고 있지만, 그들이 자연의 선물을 선용할 방도를 반드시 알고 있는 것은 아니다. 아메리카 대륙의 다른 국가 출신 주민들은 영국계 미국인과 마찬가지로 번영할 수 있는 자연환경을 가지고 있지만 영국계 미국인의 법률과 관습을 지닌 것은 아니다. 오늘날 그들은 참담한 처지에 빠져 있다. 그러므로 영국계 미국인들의 법률과 관습은 그들이 번영을 이룩하게 만든 지배적인 특별한 요인이다.

미국인들의 법률이 그 자체로서 뛰어나게 훌륭하다고는 전혀 생각하지 않는다. 나는 그 법률들을 모든 민주주의국가에 적용할 수 있다고 보지는 않는다. 그 법률들 가운데 일부는 미국에서도 위험해 보인다. 그러나 미국의 법률은 전체적으로 볼 때 그 법률의 적용대상이 되고 있는 국민의 특성과 그 나라의 성격에 잘 부합하고 있다. 이러한 이유로 미국의 법률은 훌륭하며 그리고 미국의 민주정치는 상당한 성공을 거둘 수 있었다. 그러나 나는 법률들이 그런 성공의 가장 주요한 원인이라고는 생각하지 않는다. 미국인들의 사회적인 행복에 자연환경보다는 법률이 더 큰 영향을 미친 것으로 보인다. 그렇지만 법률보다는 국민의 관습이 미국 민주정치의 성공에 더 큰 영향을 미쳤다고 생각할 이유는 충분하다.

의심할 바 없이 연방 법률은 미국 법제 가운데 가장 중요한 부분을 이루고 있다. 영국계 미국인들의 연방이나 마찬가지로 유리한 자연환경을 가지고 있는 멕시코도 그와 같은 법률을 택했지만 민주정치를 제대로 발달시키지 못했다. 미국에서 민주정치를 유지시켜주는 데에는 자연환경과 독특한 법률 말고도 어떤 다른 요인이 작용하고 있는 것이다.

미국 영내에 사는 거의 모든 주민들은 같은 종족의 후손들이다. 그들은 같은 언어를 말하고, 같은 방식으로 하느님을 섬기며, 같은 자연환경의 영향을 받고, 같은 법률을 준수한다. 그렇다면 주목해야 하는 그들 사이의 차이들은 어디서 유래하는가? 미국의 동부 주들에서는 왜 공화정부가 강함과 규칙성을 드러내면서 완숙하고 여유있게 일을 처리해나가는가? 공화정부는 그 모든 활동에 나타나는 지혜와 일관성을 어디서 얻어내고 있는가? 반면에 서부지방의 주들에서는 왜 사회의 권력들이 아무렇게나 행사되는 것처럼 보이는가? 서부지방의 주들에서는 공무원들이 질서가 없이 열기에 들뜬 듯이 업무를 수행하는데 그런 자세는 장기적이거나 확고한 일관성을 보장할 수 없다.

나는 지금 영국계 미국인들과 다른 국민들을 비교하고 있는 것이 아니다. 영국계 미국인들을 서로 비교하고 있는 것이며, 그들이 왜 그리도 다른지 알아보려는 것이다. 여기서 자연환경과 법률의 차이에서 유래하는 주장들은 모두 제쳐놓겠다. 어떤 다른 이유를 찾아보지 않으면 안 된다. 국민들의 관습 말고 어떤 다른 이유가 있을 수 있겠는가?

영국계 미국인들이 가장 오랜 세월 동안 민주정치에 익숙해져서 민주주의 유지에 가장 유리한 견해를 품고 그러한 관습을 형성하게 된 곳이 동부지방의 주들이다. 민주정치가 점진적으로 그들의 관습, 견해 그리고 태도에 스며들었다. 민주주의는 법률뿐 아니라 일상생활의 세세한 모든 부분에서도 찾을 수 있다. 동부지방의 여러 주들에서는 주민들에 대한 문헌을 통한 가르침과 실제적인 교육이 가장 완비되어 있으며, 종교는 아주 철저하게 자유와 접합되어 왔다. 내가 말한 관습이 바로 그러한 습관, 견해, 관행 및 신앙이다.

아메리카대륙에 거주하고 있는 국민들 중에서 미국인들만이 자신들의 관습 덕분에 민주정부를 지탱할 수 있는 유일한 국민이 되었다. 영국계 미국인들의 민주주의 체제가 번영하는 것은 언제나 관습 덕분이다. 이점을 고려한다면 유럽에서는 한 나라의 지리적 위치가 민주주의 제도의 지속에 매우 큰 영향을 미치는 것으로 과대평가되고 있다. 법률은 민주주의 제도의 지속에 큰 영향을 미치는 것으로 여겨지는 반면, 관습이 민주주의 제도에 미치는 영향력은 거의 주목을 받지 못하였다. 이상에서 말한 세 가지 중요한 요인들이 확실히 미국의 민주정치가 엇길로 나아가는 것을 막으면서 정도로 나아가게 하는데 기여한다. 그러나 이 세 가지 요인을 중요성의 정도에 따라 순서를 매긴다면, 자연환경의 영향은 법률에 훨씬 못 미칠 것이고, 법률의 영향은 국민들의 관습에는 비할 바가 되지 못한다. 아무리 유리한 자연환경과 훌륭한 법률이 있다고 해도 그 나라의 관습이 알맞지 않으면 어떤 제도도 유지될 수 없다. 반면에 어느 나라의 관습은 가장 불리한 자연환경과 가장 열악한 법률을 어느 정도 유리하게 전환시킬 수도 있다.

민주적 정부 형태를 염두에 두지 않더라도 민주적 생활태도와 제도가 점진적으로 발전하는 것은 오늘날의 사회병폐를 고칠 수 있는 가장 바람직한 치유책이 될 수 있을 것이다. 국민들을 통치에 참여시키는 일도 어렵지만 국민들에게 경험을 제공하고 국민들에게 보다 나은 통치에 필요한 감정들을 불어넣는 일은 훨씬 더 어렵다. 민주 정치가 지향하는 바는 변덕스럽고, 그 법률은 불완전하며, 그 통치도구는 엉성하다는 점을 나는 인정한다. 그러나 민주정치의 권력과 전제정 사이에 알맞은 중간적인 권력이 전혀 존재하지 않는다는 것이 사실이라면, 자발적으로 전제정에 복속되기보다는 오히려 민주정치를 지향해야 할 것이다. 또한 완전한 평등이 우리들의 숙명이라면, 전제자 쪽보다는 자유로운 제도에 의해서 평등화가 이루어지는 것이 더 나을 것이다.

이 책에서 드러내고자 하는 나의 의도는 미국이라는 본보기를 통해서 법률 및 특히 관습이 민주주의국가의 국민을 자유롭게 만들어줄 수 있다는 사실을 보여주려는 것이었다. 그러나 나는 우리 프랑스인들이 미국 민주주의의 본보기를 따라야 한다거나 미국의 민주주의가 그 목표를 달성하는데 사용한 방법들을 답습해야 한다는 생각을 전혀 하지 않는다. 그 이유는 어느 나라의 자연환경과 그 정치적 선례들이 그 나라의 정치제도에 미치는 영향을 잘 깨닫고 있기 때문이다.

우리들이 프랑스에 민주제도를 점진적으로 도입하는데 실패할 경우, 우선 시민들로 하여금 자유를 맞아들일 준비를 갖추게 하고 나서 자유를 누리게 만들어줄 사상들과 감정들을 그들에게 전파시키는 것을 포기할 경우, 중산계급이건 귀족이건 또는 가난한 자들이건 부유한 자들이건 전혀 독립을 누릴 수 없을 뿐 아니라 만인이 동일한 폭정 아래 들어가게 될 것이다. 또한 다수의 평온한 지배가 제때 우리들 가운데 확립되지 못할 경우, 우리는 조만간 한 사람의 무제한한 권력 아래 놓이게 될 것이다.

4. 사회 평등과 관습의 순화

수세기 동안 사회적 조건은 평등한 쪽으로 흘러왔으며 동시에 사회의 관습도 순화되어왔다. 세상의 관습을 순화시킨 가장 큰 원인은 사회의 평등이었다.

모든 인간이 귀족 사회에서 직업·권리·출생에 따라 엄격히 분류될 때, 각 계급의 구성원들은 자신들을 한 가족의 일원으로 생각하면서 상호간에 견실하고 강한 유대감을 맺고 있다. 이 정도의 유대감을 민주시민들은 결코 느끼지 못하고 있다. 그러한 감정은 여러 계급 상호 간에는 존재하지 않는다.

귀족 사회에서 각 계급은 독자적인 견해, 감정, 권리, 관습 그리고 생활양식을 갖는다. 그러므로 각 계급의 구성원들은 전체 시민대중과는 공통점을 가지지 않게 된다. 즉 그들은 시민대중과 같은 방식으로 생각하거나 느끼지도 않으며 같은 종족이라고 믿지도 않는다. 이러한 귀족 제도는 같은 종족의 구성원들을 아주 이질적으로 만들지라도 그들을 긴밀한 정치적 유대로 묶어놓는다. 노예는 귀족의 운명에 대해 본래 관심을 갖지는 않을지라도 우연히 자기의 주인이 된 귀족에게 전심으로 봉사하는 것이 자기의 의무라고 생각한다. 또한 귀족도 자신은 노예와 전혀 별개의 인간이라고 생각하면서도 자기의 영내에 거주하는 농노를 목숨을 걸고 보존하는 것이 자기의 의무이며 명예라고 생각한다.

이러한 쌍방의 의무는 자연의 법칙에 따라 생긴 것이 아니고 사회의 법칙에 따라 생긴 것임이 명백하다. 하인이나 영주의 봉사는 인간이 인간에게 베푸는 것이 아니라 하인이나 영주에게 즉 상이한 사회계층에게 베푸는 것이었다. 봉건제도는 어떤 인간의 고통에 대해서는 강한 동정심을 불러일으키지만 인류의 불행에 대해서는 전혀 무감각하다. 즉 이 제도는 인간으로 하여금 헌신적인 위대한 행동을 하도록 만들지라도 진실한 동정심을 불러일으키지는 않는다. 왜냐하면 귀족주의 시대에 진실한 동정심은 같은 계급의 사람들 사이에서만 존재하며, 인간은 자신과 같은 계급의 구성원만을 인정하고 있기 때문이다.

출생 신분과 교육 덕분에 귀족계급에 속하게 된 중세의 연대기 작가가 귀족의 비극적인 종말을 서술할 때 그는 격렬한 슬픔에 빠진다. 그러나 그 작가는 평범한 사람들이 당한 대학살과 고통에 대해서는 전혀 거리낌 없이 단숨에 이야기한다. 이런 작가들은 일반 시민에 대해 습관적으로 증오심을 품거나 고의적으로 경멸감을 느끼는 것은 아니다. 왜냐하면 한 사회의 여러 계급 간에 아직 선전포고가 없었기 때문이다. 그들은 감정보다는 본능에 따라서 그런 행동을 하게 되며 가난한 사람의 고통에 대해서 뚜렷이 알지 못하기 때문에 그의 운명에 대해서도 거의 관심이 없었다.

이러한 감정은 봉건적 유대가 깨질 때마다 하층계급을 격발시켰다. 이런 시대에는 가신(家臣)들이 자기의 영주를 위해 헌신적인 영웅적 행위를 많이 했지만 때때로 하층계급이 상층계급에 대해 잔인하고 야만적인 행위를 많이 저질렀다. 이렇게 계급 상호간에 냉담하게 된 것이 공공질서와 교육의 부재 때문이라고만 생각해서는 안 된다. 왜냐하면 그러한 흔적은 그 이후 교육이 일반화된 시기에도 찾아볼 수 있기 때문이다.

이에 비해 민주주의 시대에 인간은 서로를 위하여 희생하는 일은 없지만 같은 인류에게 일반적인 동정은 흔히 나타내 보인다. 인간은, 쓸데없는 재앙을 불러오지 않으며, 자신이 해를 당하지 않고서도 다른 사람의 고통을 덜어주는 것이 가능할 때 그렇게 함으로써 행복을 느끼게 된다. 인간은 서로에게 무관심한 것이 아니다. 형사법원이 미국만큼 온건하고 부드럽게 운영되는 나라는 어디에도 없다. 영국이 형법에 중세시대 고문이나 사형의 흔적을 조심스럽게 존속시키려 한 반면, 미국인은 그들의 법전에서 사형을 거의 삭제했다. 결론적으로 미국인들의 이러한 보기 드문 온유함이 주로 그들의 사회적 조건에서 비롯되었음을 상황을 통해 알 수 있는데, 그 상황은 그들이 자신들의 노예를 대했던 태도에서도 알 수 있다. 미국의 흑인들은 대체로 신세계의 여타 유럽식민지에서의 흑인들보다 신체적으로 더 가혹한 처우를 당했다. 미국의 노예들은 아직도 놀라울 정도의 고통을 감내하고 있고 또 아주 잔인한 처벌을 받을 수 있는 처지에 놓여 있다. 이러한 불행한 사람들의 운명은 그들의 주인에게 동정심을 거의 불러일으키지 못하고 있다. 주인들은 노예제도를 자신들에게 이익이 되는 제도로 간주하고 있다. 자기와 대등한 사람에게는 아주 인간적으로 대했던 사람이 그 대등하지 않은 자들이 겪고 있는 고통에 대해서 모른 체하게 된다. 그래서 인간의 온유함은 문명과 교육보다는 조건의 평등에 기인하는 것이다.

기서 내가 개인에 관해서 언급한 것은 일정한 범위 내에서 여러 국가에도 적용될 수 있다. 각 국가는 나름대로의 여론·신념·법률·관습을 가지게 될 때 자신을 인류 전체와 동일시하며, 어떤 슬픔에 의해서도 감동받지 않고 오직 자기 자신의 감정에 따라서만 행동한다. 이러한 감정에 의해 두 나라 사이에 전쟁이 발발하게 되면 아주 잔인한 전쟁이 되는 것이다.

적장을 그들의 마차로 끌고와 살육하였다. 그리고 사람들의 흥을 돋우기 위해서 자신들의 포로들을 경기장의 맹수들에게 던져주었다. 고대로마공화정 말기 공화정을 옹호하는데 정열을 바쳤던 키케로(Cicero)[13]도 승리를 축하하는 이러한 끔찍한 야만적 행사에 대해서 비난하는 말 한마디 하지 않았다. 키케로도 야만족은 로마인과 같은 인류종족이 아니라고 본 것이 분명하다. 이와 반대로 국가들이 서로 유사해짐에 따라 상호간에 자비심을 베풀게 되었으며, 국제법은 순화된 것이다.

13 키케로(Marcus Tullius Cicero, BC 106~BC 43)는 고대로마의 문인·철학자·변론가·정치가. 보수파 정치가로서 카이사르와 반목하여 정계에서 쫓겨나 문필에 종사했다. 카이사르가 암살된 뒤에 안토니우스를 탄핵했다는 이유로 원한을 사서 안토니우스의 부하에게 암살되었다. 수사학의 대가이자 고전 라틴 산문의 창조자이다.

민주주의가 사람들을 밀접하게 하지는 않지만 일상적인 상호관계가 보다 쉽게 맺어지도록 만든다. 두 명의 영국인이 우연히도 상반되는 처지에서 만나고 거기서 언어와 관습이 다른 이방인에 의해서 둘러싸이게 되면, 우선 그들은 많은 호기심과 알 수 없는 어떤 불안감을 가지고 상대를 응시할 것이다. 그러고는 외면하거나 하나가 다른 사람에게 말을 건다면 그들은 부자연스럽고 멍한 태도로 아주 중요하지 않은 문제를 화제로 삼아 조심스럽게 대화를 나눌 것이다. 그러나 이들 사이에 적대감은 없다. 그런데 왜 그들은 그렇게 조심스럽게 거리를 유지하고 있는가? 그 이유를 알기 위해서는 영국에 대해 알아보아야 한다.

태생에 의한 특권이 없고 또한 부자라고 해서 특별한 권리를 부여받는 일도 없는 미국에서는 서로 알지 못하는 사람들이 같은 장소에 출입하게 되고 자기들의 생각을 자유롭게 교환한다. 그들이 우연히 만난다면 상호교류를 맺으려고 노력하며 피하려고 하지 않는다. 다시 말해 그들의 태도는 자연스럽고 솔직하며 개방적이다. 또한 그들은 상대에게서 어떤 것을 기대하지 않는다는 것을 쉽게 알 수 있고, 사회에서의 자기의 위치를 감추기보다는 스스럼없이 더 많은 것을 내보이고 있음을 쉽게 볼 수 있다. 그들이 대화를 나누지 않는다면 그것은 이야기할 기분이 나지 않기 때문이지 침묵을 좋아하기 때문은 아니다. 외국에서 두 미국인이 만난다면 단순히 그들이 미국인이라는 이유 때문에 곧바로 친구가 된다. 그들은 서로 배척할만한 어떤 편견도 없으며 오히려 같은 나라 사람이라는 것 때문에 서로 관심을 끌게 된다.[14]

14 두 사람의 영국인이 서로 만나 친해지려면 혈통이 같다는 점만으로는 불충분하고 둘 다 같은 계급에 속해야 한다. 이에 비해 미국인들은 혈통·종교·언어에서 그리고 부분적으로는 관습상 영국인들과 유사성이 있지만 사회적인 조건에서만 다른 것이다. 그러므로 영국인들이 낯선 곳에서 서로 거리를 두는 태도는 영국 국민들의 체질에 기인한다기보다는 그들 나라의 사회 상황에서 연유된 것이라고 추론할 수 있다.

제4장

주권재민

1. 스스로를 다스리는 국민
2. 언론자유
3. 정치결사
4. 지도자선출 제도의 장점
5. 공동체 옹호 정신
6. 관료와 정부의 절제

제4장

주권재민

1. 스스로를 다스리는 국민

하나의 거대한 사회혁명이 가져다 줄 수 있는 최상의 단계에 거의 이른 나라가 이 세계에는 한 군데 있다. 그 혁명은 아주 쉽고 간단하게 수행됐다. 사실 미국은 혁명을 거치지 않고서도 민주주의혁명의 열매를 거두고 있다고 말하는 것이 오히려 타당할 것이다. 17세기 초에 미국 해안에 건너온 이민자들은 유럽의 구 사회에서 서로 갈등의 원인이 되었던 모든 원칙들로부터 민주주의 원칙만을 용하게 따로 떼어내어 신대륙으로 옮겨 심었다.[15] 거기서 민주주의 원칙은 완전히 자유롭게 확산되어 갈 수 있었으며, 그 국민의 생활태도에 영향을 미쳐서 법률의 성격을 평화적으로 만들 수 있었다.

15 영국과 다른 유럽 국가들로부터 온 북아메리카 이민자들은 대부분 종교박해를 피해 떠나온 사람들이었기 때문에 처음부터 자치의식이 강했다. 1620년 메이플라워호에 탑승한 청교도들은 신대륙의 뉴잉글랜드에 도착하기 전에 선상에서 다수결로 서약서를 작성했다. 이들은 스스로 시민 자치단체를 결성하여 식민지 전체 이익에 도움이 되는, 공평하고 평등한 법률과 세부조항을 제정하여 실시하고 모두가 이 법규를 철저히 준수하고 복종할 것을 다짐하였다. 이 메이플

라워호 서약에는 시민자치단체를 세운다는 목표가 명확히 표기되어 있는데, 이와 관련된 3가지 핵심 사항은 다음과 같다. 첫째, 이 단체는 자주적으로 운영되어야 하며, 자치권과 자주권을 확실히 보장한다. 둘째, 단체를 유지하기 위해 일련의 헌법, 법률, 법규를 제정한다. 이 헌법, 법률, 법규는 반드시 공평하고 평등해야 한다. 셋째, 시민사회는 각 시민 구성원들에게 헌법, 법률, 법규를 준수하고 복종하도록 요구할 수 있다. 시민사회의 존속 여부는 시민들의 시민의식과 준법정신에 달려 있다. 이상의 내용은 민주의식을 내포한 획기적인 것이며. 차후 미국이라는 국가의 기본 운영 원리가 되었다. 따라서 미국의 출발 시에 유럽대륙에서 존재했던 비민주적인 억압적인 요소는 원칙상 배제되었던 것이다.

미국의 민주주의가 다수의 전횡에 농락당하지 않게 해주는 중요한 요소는 미국의 법률이다. 미국의 법률을 논하려면 주권재민 원칙부터 다루어야 한다. 미국에서 주권재민[16] 원칙은 일반적으로 눈에 띄게 드러나 있지는 않지만 알게 모르게 준수되고 있다. 미국에 있어서는 주권재민의 원칙이 다른 나라들의 경우처럼 아무런 결실을 맺지 못한 채 버려지거나 감추어져 있지 않다. 그 원칙은 관습이나 법률 속에서 작동하면서 자연스레 퍼져 있다. 주권재민의 원칙이 사회생활에 응용되는 과정을 관찰할 수 있고 또한 그 위험성과 이점을 판단할 수 있는 나라가 이 세상에 있다면, 그 나라는 분명 미국일 것이다.

16 국가의 주권이 국민에게 있음을 말한다.

주권재민은 애초에 아메리카의 대다수 영국계 식민지들의 기본원칙이었다. 그러나 그것이 오늘날처럼 당시에도 정치적인 영향력을 발휘했던 것은 아니었다. 외적인 장애와 내적인 장애 두 가지가 그 원칙의 적극적 적용을 가로막았던 것이다. 그 원칙은 여전히 모국에 복종해야만 했던 식민지의 법률에 제대로 반영될 수 없었다. 그러므로 지방의 모임에서 특히 타운에서 은밀히 적용될 수밖에 없었다. 뉴잉글랜드 지방에서 지성을 가진 사람이 그리고 허드슨 강 이남 지방에서 재부(財富)를 가진 사람이 오랫동안 일종의 귀족과 같은 영향력을 행사해 왔는데, 이런 상황은 소수가 사회 권력을 행사할 수 있게 만들곤 했다. 공무원들이 모두 주민투표로 뽑히지 않았고 또한 모든 시민들이 유권자인 것도 아니었다. 선거권은 어디서든 약간씩 제한되었으며 특정 자격조건에 따라 부여되었다. 그 자격조건은 북부에서는 느슨하였고 남부에서는 보다 엄격했다. 미국혁명[17]이 일어나면서 주권재민 원칙은 타운이라는 좁은 지역을 벗어나서 전국적인 단위로 확대 적용되었다. 모든 계급이 이 원칙을 지지했다. 이 원칙을 쟁취하기 위해서 전투가 벌어졌고 승리를 거뒀다. 이 원칙은 법 중의 법이 되었던 것이다.

17 미국혁명(American Revolution)은 일반적으로 미국 독립전쟁을 지칭한다. 그 혁명은 18세기 중엽에 미국의 13개 식민지가 조지 워싱턴을 중심으로 프랑스의 원조를 받아 영국과 전쟁을 하여 독립을 쟁취한 것을 말한다. 프랑스 혁명과 함께 양대 민주주의 혁명으로 유명하다. 미국 독립 선언은 1776년 발표되었으며 전쟁에서 승리를 확고히 한 것은 1781년이었다. 7년 전쟁의 일환으로 북아메리카의 식민지 지역에서 벌어진 프랑스-인디언 전쟁이 끝난 1763년, 영국이 제국 유지비용의 상당수를 아메리카 식민지에서 충당하려고 한 것이 미국 독립 운동의 발단이 되었다. 이러한 영국의 결정은 아메리카 식민지의 대표들의 참여 없이 이루어졌기 때문에 13개 식민지는 대표의 참여 없는 세금 부담은 무효라고 주장하였다. 애국자라 불리던 독립파 인사들이 서신 교환을 통하여 영국에 대항하기 위한

독자적인 의회의 구성에 합의하였고 이들은 대륙회의를 결성하였다. 1775년 보스턴 차 사건이후 영국이 군대를 파견하자 미국인들은 민병대를 조직하여 대항하였다. 미국 내의 왕당파가 인구의 30%에 이르렀음에도 독립파들은 전쟁기간 동안 식민지의 80% 이상의 지역을 실질적으로 지배하였으며 영국은 일부 해안 지역만을 방어할 수 있을 뿐이었다. 1776년 13개 식민지의 대표들은 미국 독립 선언에 서명하고 새로운 국가인 아메리카 합중국(미국)을 수립하였다. 1778년 미국은 프랑스와 동맹을 맺어 프랑스의 군사적 지원을 받았으며 이후 에스파냐와 네덜란드 공화국과도 동맹을 맺었다. 미국의 대륙군은 1777년 사라토가 전투와 1781년 요크타운 전투에서 영국 군대에 승리하였다. 미국과 영국은 1783년 파리 조약으로 평화 협정을 맺었고 영국은 미국의 독립을 인정하였다.

이와 같은 사태발전에 걸 맞는 빠른 변화가 사회 내부에서도 일어났다. 법률의 영향과 독립혁명의 결과가 누구의 눈에나 분명해지자 민주주의 세력의 승리는 돌이킬 수 없는 것으로 선포되었다. 사실상 주권재민 원칙이 철저히 승리하였으며 이에 대한 더 이상의 저항은 있을 수 없었다. 상류계층들도 불평 한마디 없이, 저항 한번 없이, 그 원칙으로부터 불가피하게 파생되는 폐단에 대해서까지 복종했다. 상류계층은 몰락하는 권력자들이 일반적으로 맞는 운명을 피할 수 없었다. 상류계층 구성원들 각자는 자기 이익만을 추구했으며, 또한 그들 자신이 무시할망정 심하게 혐오하지도 않았던 민중들의 수중에서 권력을 빼앗아낼 수도 없었기 때문에 어떤 대가를 치르더라도 민중과 사이좋게 지내는 것을 유일한 목표로 삼았다. 그리하여 가장 민주적인 법률들이 그 법률 때문에 누구보다도 불이익을 감수하게 될 바로 그 상류계층의 사람들[18]에 의해서 가결되었다. 따라서 이들 상층계급들이 자신들의 이익에 배치되도록 민중들의 격정을 유발하지는 않았어도, 자신들 스스로가 새로운 사태가 승리하도록 촉진시켰던 것이다. 그 결과 귀족제가 가장 확고하게 뿌리를 내렸던 바로 그런 주들에서 기묘하게도 민주주의적 열망이 보다 확고히 자리 잡게 되었다. 예를 들면 지위가 높은 사람들이 건립한 메릴랜드 주[19]에서 보통 선거제가 제일 먼저 선포되었으며 정치 전반에 가장 민주적인 여러 형식이 도입되었다.

18 법을 제정하는 의회를 주도하는 사람들은 주로 상류계층에 속했던 자들이다.

19 메릴랜드 주(State of Maryland)는 미국 동부 대서양 연안의 주이다. 남쪽과 서쪽에는 버지니아 주, 웨스트버지니아 주, 워싱턴 D.C.가 있고, 북쪽에는 펜실베이니아 주, 동쪽에는 델라웨어 주가 있다. 미국 해군사관학교가 메릴랜드 주의 수도인 아나폴리스에 있다.

오늘날 미국에서 주권재민의 원칙은 우리가 머릿속으로 생각할 수 있는 모든 실제적인 발전을 이루고 있다. 그곳에서 그 원칙은 상황의 필요에 따라서 여러 형태를 띠고 나타난다. 때로는 주민대표들이 주민의 이름으로, 주민의 직접 감독 아래 업무를 수행한다. 어떤 나라들에서는 특정 권력이 존재하여, 비록 사회전체와는 어느 정도 유리되어 있더라도 사회를 지도하고 일정한 궤도를 따라가도록 강제한다. 이에 비해 미국에서 국민들은 입법자들을 선출함으로써 입법에 참여하고, 행정부의 관리들을 선출함으로써 법률의 집행에 참여한다. 행정 관리들은 자신들의 권력의 원천이 국민임을 잊지 않고 있기 때문에 국민은 사실상 스스로를 통치하는 것이다. 마치 하느님이 우주를 다스리듯이 미국의 정계는 국민이 다스린다. 국민이 모든 것의 근원이고 목적이다. 모든 것은 국민으로부터 나오며 모든 것은 국민에게 귀속된다.

지금까지 미국의 법제와 정치사회의 유형을 파악했다. 그러나 제도 위에 국민의 주권이 있다. 국민의 주권은 국가의 제도나 정치사회 유형을 마음대로 폐지하거나 변경할 수 있다. 앞으로의 과제는 법률보다 우세한 이 권력이 어떻게 작동하는지, 그 권력의 본능과 감정이 어떤 것인지, 그 권력의 거역할 수 없는 진로를 늦추거나 가속시키는 원천은 무엇인지, 그 권력이 가지는 무한한 권위가 무슨 결과를 가져올는지, 그 권력이 앞으로 당면할 운명은 어떤 것인지를 밝히는 일이다.

미국에서는 국민이 입법권을 가진 의원들을 선출하고 행정관료를 임명하며 그리고 법률을 어기는 자는 누구든지 처벌하는 법관이 된다. 그러한 제도는 원칙에 있어서 뿐만 아니라 모든 결과에 있어서까지도 민주적이다. 국민은 자신들의 대표를 거의 해마다 직접 선출하는데, 그 이유는 대표들이 국민의 대리인에 불과함을 확인하기 위해서이다. 그러므로 국민이 실질적인 지배 권력이다. 정부형태가 대의제라고는 해도 국민의 여론, 편견, 이해관계 및 감정이 매일 매일의 국정에 항구적인 영향력을 행사하는 것을 막을 장애물은 없다.

주권재민의 원칙이 지배하는 나라의 경우처럼 미국에서는 다수가 국민의 이름으로 다스린다. 그런데 이 다수는 주로 평화를 애호하는 시민들로 구성되어 있고, 이들 시민은 그 성향으로 보나 이해관계로 보나 자기 나라의 복리증진을 진지하게 바란다. 그러나 그들은 자신들의 주변에서 여러 정당들의 끊임없는 선동에 접하게 되는데, 이들 정당들은 시민들의 협력과 지지를 얻으려고 하는 것이다.

2. 언론자유

국민들로 하여금 잘못된 선동에 빠지지 않게 하는 여러 가지 요소가 있다. 그 대표적인 것이 언론의 자유이다. 언론자유는 정치적 여론에 대해서 뿐만 아니라 사람들의 모든 견해에 대해 영향을 미친다. 그것은 법률은 물론 관습까지도 바꾼다. 만일 어떤 사람이 사상의 완전한 독자성과 완벽한 굴종 사이에 있는 어떤 중간적인 입장을 보여준다면 나는 아마도 그 중간 입장을 따를 것이다. 그렇지만 그와 같은 중간적 입장을 누가 찾아낼 수 있단 말인가?

당신은 언론이 방종에서 벗어나 정연한 언어를 다시 사용하도록 만들려면 우선 글쓴이(기고자)로 하여금 배심원의 심판을 받도록 기소할 것이다. 이 경우 배심원들이 그 범법자인 글쓴이를 방면하면 한 개인의 사견에 불과했던 것이 전 국민의 관심사로 바뀐다. 당신은 글쓴이를 상임법관들에게 넘긴다. 그러나 판사들은 선고하기 전에 글쓴이의 견해를 청종하지 않을 수 없다. 판사들은 필자의 신체에 유죄를 선고할 수 있을지 모르지만 글쓴이의 정신을 어떻게 할 도리가 없다. 글쓴이의 정신은 미묘하여 판사들의 손아귀를 벗어난다. 따라서 글쓴이에게 제재를 가하려한 당신의 노력은 무위로 돌아간 것이다.

그렇다면 다른 제재 방안은 있는가? 언론에 대한 검열제도를 마련한다 할지라도 연설가는 끊임없이 연설할 것이기 때문에 언론을 규제하려는 목적을 결코 달성할 수 없을 것이다. 오히려 문제만 가중시킬 뿐이다. 사상은 물리적인 힘처럼 그 전파자의 수에 의존하지 않는다. 사상의 힘은 모든 물질적 힘과는 반대로 그 표현 주체가 되는 사람들의 수가 적기 때문에 흔히 강력한 힘을 발휘한다. 청중의 열정을 자극하는 강력한 의지를 지닌 한 사람의 말은 수많은 웅변가들의 장광설보다 더 큰 힘을 가진다. 단지 하나의 공공장소에서만 자유롭게 연설할 수 있다면 그것은 방방곡곡 어느 마을에서나 자유롭게 연설하는 것과 같은 결과를 낳는다.

주권재민의 원칙이 확고하게 뿌리를 내리고 있는 나라에서 언론검열제도(censure)는 위험할 뿐 아니라 매우 불합리한 것이다. 참정권을 가진 시민은 누구나 자기 견해를 자유로이 내세울 수 있어야 한다. 그러므로 국민주권과 언론자유는 뗄 수 없는 상관관계를 가지는데 비해 언론검열과 보통선거는 양립할 수 없을 정도로 대립된다. 미국에 거주하는 천만 명 이상의 인구 가운데 어느 누구도 아직까지는 언론자유를 제한해야한다고 주장하지 않고 있다. 내가 미국에 도착해서 처음 읽은 신문에는 다음과 같은 기사가 실려 있었다.

"잭슨(대통령)[20]은 오로지 자신의 권력을 부지하기에 급급한 무자비한 독재자의 언사를 사용하곤 하였다. 그의 야심은 죄악이며, 그 야심 때문에 그는 고통을 당할 것이다. 그는 선천적인 모사꾼으로 음모를 획책하지만 필경 자가당착에 빠져 권력을 잃을 것이다. 그는 통치하면서 자행한 부패행위와 범죄적 행실 때문에 불명예를 당하고 몰락할 것이다. 그는 과거에는 성공했지만 이제 정의의 심판을 받아야 한다. 그는 곧 나락에 떨어질 것이다. 마침내 그는 자신이 훌쳐먹은 것을 토해내고 자신의 속임수 패를 내던져버린 채 어딘가 은둔처에서 자신의 말년을 끝내야 할 텐데 그곳에서 자신의 미친 과거를 실컷 저주하게 될 것이다. 왜냐하면 그의 마음은 영원히 후회라는 덕성을 알지 못한 채 끝나버릴 것이기 때문이다."(Vincenne's Gazette)

20 앤드루 잭슨(Andrew Jackson, 1767~1845)은 사우스캐롤라이나주(州) 왁스호에서 출생하였다. 1797년 테네시주를 대표하는 최초의 연방하원의원에 당선되었으며, 1798년 테네시주 최고재판소 판사가 되었다. 1812년 영·미전쟁 때는 민병대를 인솔하여 1815년 1월 뉴

올리언스의 교외에서 영국군을 격파함으로써 일약 전쟁영웅이라는 칭송을 받게 되었다. 1824년의 대통령선거에서 J.애덤스에게 패하여 낙선하였으나, 1828년 당선되어 제7대 대통령으로서 구습을 타파하는 참신한 정책을 취하였다. 최초의 서부 출신 대통령으로서, 서부의 농민·동부와 북부의 노동자·남부의 농업경영자 등으로부터 광범위한 지지를 얻어 1832년 재선되었다. 직선적이고 야성적인 성격의 소유자였으며, 관세문제와 미합중국은행 재인가 문제 등에서는 강경한 태도를 취하는 한편, 당원의 관리임용·관직교대의 원칙 등을 확립하여 관리의 부패를 방지하고, 브레인트러스트라고도 할 수 있는 고문단을 통하여 여론을 중시하는 등 일관해서 대중 중심의 정치를 추진하였다. 또한 선거권의 확대, 대통령선거제도의 개선, 전국당대회제의 채택, 교육의 보급 등으로 일반대중의 정치참여 기회가 증대하였다. 따라서 그가 정치적으로 확립한 새로운 민주주의의 개념은 '잭슨민주주의(Jacksonian Democracy)'라는 이름으로 미국의 지배적인 이데올로기가 되어 20세기 초반까지 그 영향력을 미쳤다.

미국은 현재로서는 혁명이 발생할 가능성이 가장 적은 나라일 것이다. 그러나 미국의 언론은 프랑스에서처럼 파괴적인 성향을 지니며 정당한 이유도 없이 횡포를 부린다. 프랑스에서와 마찬가지로 미국에서도 언론은 선과 악이 이상야릇하게 뒤섞여서 독특한 권력을 형성하기 때문에 언론이 없이는 자유가 살아날 수 없을 것이다. 또한 언론에 대항해서는 공공질서도 지켜질 수 없다. 미국에서는 언론의 힘이 프랑스에서보다 훨씬 적지만 언론이 제소당하는 경우는 거의 없다. 그 이유는 매우 간단하다. 미국인들은 주권재민의 원칙을 일단 받아들였기 때문에 아주 진지하게 그 원칙을 적용한다. 그들은 매일 변하고 있는 요소들로부터 영속해야 할 제도를 결코 만들어 내려 하지 않았다. 결과적으로 폭력으로 기존 법률을 회피하려 하지 않는 한 기존 법을 공격하는 행위에는 범죄적인 의도는 전혀 없는 것이다.

미국 언론의 영향력이 적은 것은 여러 가지 이유에 기인하는 것이지만 그 중에서 중요한 이유는 다음과 같다. 저술의 자유는 다른 자유나 마찬가지로 새로운 것일수록 더욱 큰 힘을 발휘한다. 왜냐하면 국가정책에 대한 토론을 직접 들어본 일이 없는 일반 사람들은 제일 먼저 토론 내용을 밝혀주는 신문을 암묵적으로 신뢰한다. 영국계 미국인들은 식민지가 세워진 이래 언론자유를 누려왔다. 미국의 정치생활은 적극적이고 다양하고 선동적이기까지 하지만 물질적 이해관계가 침해당하지 않는데도 깊은 격정의 영향을 받는 경우는 드물다. 미국에서는 물질적 이해관계가 정치생활에 커다란 영향을 미친다. 물질적 이해관계 측면에서 프랑스국민과 미국 국민 사이의 입장 차이는 각각의 신문을 한번 살펴보면 분명히 알 수 있다. 프랑스에서는 상업광고에 할당되는 지면이 지극히 한정되어 있고 뉴스 정보의 비중이 그리 크지 않은데 비해 시사정치 토론이 신문의 핵심 부분을 차지한다. 미국에서는 커다란 지면의 4분의 3이 광고로 채워지고 나머지 지면은 빈번히 정치기사와 자질구레한 이야기들로 채워진다. 프랑스의 언론이 매일 독자들에게 제공하는 것과 같은 격정적인 토론을 실은 난을 자주 찾기란 어렵다.

자세히 살펴보면 권력의 영향력은 그 운용이 중앙집권화 되는 것에 비례해서 커짐을 알 수 있고, 가장 보잘것없는 독재자라도 그러한 사실을 그저 본능만으로도 간파해낸다. 프랑스의 언론은 이중으로 중앙집권화되어 있다. 프랑스 언론의 거의 모든 권력은 언론기관의 숫자가 그리 많지 않기 때문에 동일한 사람들의 수중에 집중되어 있다. 이처럼 만들어진 공공언론이 회의적인 심성을 지닌 국민에게 미치는 영향력은 거의 무한할 것이다. 언론이란 어떤 정부가 때때로 휴전조약을 조인할 적군이기는 하지만 오랜 기간 동안 저항하기는 어려운 적군인 것이다.

프랑스 언론과 같은 중앙집권화된 언론은 미국에서는 결코 존재하지 않는다. 미국에서 정부와 국민의 권력은 이 거대한 나라의 방방곡곡으로 분산되어나가며, 그러한 권력은 어느 공통지점으로부터 퍼져나가는 것이 아니라 수많은 곳에서 모든 방향으로 퍼져나가는 것이다. 미국인들은 국정수행뿐만 아니라 여론에 있어서도 중앙집중적인 지도체제를 결코 만들지 않았다. 미국에서는 인쇄인들에게 면허 요구도 하지 않고 편집자들에게 담보를 요구하지도 않으며, 프랑스나 영국과는 달리 인지세가 전혀 없다. 이러한 사실은 연방 법률 덕분이다. 결과적으로 적은 수의 예약독자들이 비용을 지불해 주는 것으로 족하기 때문에 신문을 창간하는 일만큼 쉬운 일은 없다.

따라서 미국에서 나오는 정기 및 반 정기 간행물의 숫자는 믿을 수 없을 정도로 엄청나다. 가장 식견 있는 미국인들은 언론의 권력이 지나치게 분산되어 있기 때문에 언론의 영향력이 적은 것으로 생각한다. 신문의 영향력을 무력화시키는 길은 신문의 숫자를 늘리는 것뿐이라는 사실은 미국에서는 정치학의 기본 원칙으로 되어 있다. 이처럼 자명한 사실이 어째서 유럽에서는 오래전부터 전반적으로 받아들여지지 않았는지 이해할 수 없다. 언론을 통해서 혁명을 일으키려는 사람들이 어째서 몇 안 되는 강력한 언론기관들에게 언론의 권력을 몰아주려고 하는지 이해할 수 없다.

미국에서는 거의 대부분의 마을이 자체 신문을 갖고 있다. 사실상 미국의 모든 정론지들은 행정부를 지지하거나 반대하는 입장을 취하고 있다. 그러나 그 신문들은 수없이 서로 다른 방식으로 행정부를 공격하거나 옹호한다. 신문들은 커다란 사회변혁을 가져다 줄 수 있는 거대한 여론의 격류를 만들 수 없다. 언론의 영향력이 이처럼 분산되어 있는 상황은 마찬가지로 뚜렷한 다른 결과도 낳는다. 신문을 쉽사리 창간할 수 있기 때문에 누구나 신문을 창간할 수 있다. 그러나 경쟁 때문에 이윤을 내는 신문의 수가 적어서 이런 직업에 뛰어들려는 유능한 인사들이 별로 없다.

게다가 공공 간행물의 숫자가 이처럼 많기 때문에 그 신문들이 비록 재부를 얻는 수단이 되더라도 능력을 갖춘 저술가들이 그 신문들을 모두 지배하기에는 충분하지 않다. 미국 언론인들은 별로 교육도 받지 못하고 천박해서 일반적으로 아주 낮은 사회신분에 속한다. 다수의 의지가 가장 일반적인 법률이 되고 그렇게 되면 모든 사람이 따라야 하는 일정한 관습이 확립된다. 프랑스에서 언론인들은 빈번히 격렬하게 거창한 국사를 토론하곤 하는데, 이는 일반적인 현상이다. 이에 비해 미국 언론인의 특징은 독자들의 감정에 공공연하고 조잡하게 영합하는 데 있다. 그들은 원칙 같은 것을 모두 버리고 인신공격을 서슴지 않으며, 사생활을 파고들어 모든 약점과 악을 까발리는 것이다.

이처럼 극단적으로 방종한 언론이 초래하는 정치적 영향 덕분에 간접적으로 공공질서가 유지된다는 것도 부인할 수 없지만 동료 시민들로부터 높이 존경을 받고 있는 인사들은 신문에 글쓰기를 두려워한다. 따라서 이들은 다수 대중의 감정을 자기들에게 유리하게 격발하는 데 활용할 수 있는 가장 강력한 도구를 빼앗긴 꼴이 된다.

미국에서는 언론이 이처럼 제약을 받기는 해도 그 힘은 엄청난 것이다. 언론을 통해서 그 광대한 나라의 방방곡곡에 정치생활이 영위되고 있다. 언론은 언제나 눈을 부릅뜨고 가려진 정치음모의 근원을 밝혀내고 모든 공인(公人)들을 차례로 여론의 도마 위에 내세우는 것이다. 언론은 일정한 원칙을 중심으로 이해관계를 결집시키고 각 정당의 핵심 정강을 부각시킨다. 왜냐하면 언론은 한 번도 직접 만나지 않고서도 서로 의견을 주고받는 사람들 사이에 의사소통의 수단을 제공하기 때문이다. 수많은 언론기관들이 같은 행동노선을 취할 경우 그들의 힘은 결국 감당하기 힘들게 된다. 다수의 여론도 끊임없이 한 쪽으로부터 그와 같은 공격을 받으면 마침내 굴복하는 것이다. 미국에서는 하나하나의 개별적인 신문은 별다른 권한을 행사하지는 못하지만 정기간행 언론의 힘은 국민의 권력 다음가는 권력이다.

3. 정치결사

미국만큼 결사라는 강력한 행동 원칙이 수많은 목적에 성공적으로 적용된 나라도 없다. 타운, 시티, 카운티[21] 등의 이름으로 법률에 의해서 수립되는 항구적인 결사 말고도 개인들의 의지에 따라서만 결성되고 발전하는 수많은 결사들이 있다. 미국 시민은 출생 이후부터 사회의 부조리와 역경에 맞서기 위해서 제 힘으로 서도록 교육받는다. 이런 습관은 학창시절 이래로 형성된다. 실례로 학교에서 어린이들은 놀이할 때조차 자신들이 세워놓은 규칙에 복종해야 하고 자신들이 정해놓은 규범을 위반한 자를 처벌해야 한다. 그와 같은 정신이 사회생활의 모든 행위에 스며들어 있다. 만일 공용 도로에 교통체증이 생겨 통행이 방해받아 중단될 경우, 그 이웃 주민들이 스스로 즉각 심의기구를 만든다. 즉각 결성된 기구는 어떤 사람이 당사자들의 권위보다도 우세한 기존 권위에 호소하자는 생각이 제시되기도 전에 그런 불편을 시정할 집행권을 발생시키는 것이다. 하나의 축제를 예로 들자면 그 축제를 더욱 빛나고 규칙적인 것으로 만들기 위해서 하나의 결사가 만들어진다. 매우 지적인 적들에 저항하고 난폭한 자들에 공동으로 싸우기 위해서도 결사가 만들어진다. 미국에서는 공공의 안전, 상업, 산업, 윤리 및 종교를 증진하기 위한 결사들이 만들어진다. 하나의 결사로 뭉친 개인들은 결합된 힘을 통해서 어떠한 목표도 달성할 수 있다는 것이다.

21 미국의 지방자치제도는 정형적인 계층구조가 없다. 그 이유는 주 헌법과 주 법률에서 지방자치제도를 규정하고 있으므로 주정부에 따라 다양하기 때문이다. 지방자치단체와 준지방자치단체로 구분되는 데 지방자치단체로서는 시(City), 읍(Town), 리(Village)가 있고 준지방자치단체로는 군(County), 면(Township), 특별구(Special District)

가 있다. 대체로 도시지역에는 City와 Village가 설치되어 있고, 농촌 지역에는 Township과 Town이 설치된 경우가 많다.

일단 결사의 권리가 인정될 경우 시민들은 여러 다른 방법으로 그것을 이용할 수 있다. 우선 결사라는 것은 많은 개인들이 어떤 주의를 공공연하게 받아들이고, 일정한 방식으로 전파를 촉진하기 위해서 계약을 맺기만 하면 이루어지는 것이다. 이런 방식의 결사권은 언론자유와 거의 혼동되지만 이처럼 형성된 결사들은 언론보다는 더 많은 권위를 지닌다. 어떤 결사가 어떤 여론을 대변할 경우 그 여론은 필연적으로 좀 더 정확하고 명백한 모습을 띠게 된다. 그 여론은 그 지지자들을 거느리고 그 주의와 주장에 따라 그들을 결속시키는 것이다. 그 지지자들은 서로 사귀게 되며 그들의 숫자가 늘어남에 따라 결사의 권위도 증대되는 것이다. 결사는 여러 다른 사람들의 노력을 한 통로로 결집시키며 그 결사가 지향하는 하나의 목표를 향해서 그들을 정력적으로 이끌어가는 것이다

결사권 행사의 두 번째 단계는 집회를 개최할 수 있다는 점이다. 어떤 결사가 그 나라의 어떤 중요한 지점에 활동 중심지를 수립하도록 허용받을 경우 그 활동은 강화되고 그 영향력은 넓어진다. 그리하여 사람들은 서로를 알게 되는 기회를 가지게 되며 사업을 추진하는 수단이 통합된다. 또한 글로 쓴 언어로서는 도저히 얻어낼 수 없는 열기와 힘에 의해서 여론이 유지되는 것이다.

끝으로 정치결사권의 행사에는 세 번째 단계가 있다. 즉 하나의 동일한 여론 지지자들이 선거인단으로 결집해서 중앙의 회의체에서 그들을 대표해 줄 대리인을 선출할 수 있다. 말하자면 이런 것이 정당에 응용되는 대의제도를 의미하는 것이다.

따라서 첫 번째 결사의 경우에 같은 견해를 표명하는 개인들은 순전

히 지적인 관계를 유지한다. 두 번째 단계의 결사의 경우에 사람들은 정당의 일부만을 대변하는 작은 모임들로 결합된다. 끝으로 세 번째 단계의 결사의 경우 사람들은 국가 속에 있는 별도의 국가처럼 정부 안에 하나의 정부를 형성한다. 다수의 대리인처럼 보이는 그들의 대리인들은 자신들만으로도 그들의 지지자들의 모든 집단적 힘을 대변하고 또한 모든 도덕적인 힘까지도 가지는 것이다. 그들이 다른 대표들처럼 입법권을 가지고 있지 않은 것은 사실이지만, 그들이 기존 법률을 공격하고 제정되어야 할 법률을 미리 입안하는 권한을 지닌다.

현대인들은 언론의 독립이 가장 중요하면서도 자유를 구성하는 본질적인 요소라는 점을 거듭 확신하게 된다. 따라서 자유를 누리기를 원하는 국민은 어떤 대가를 치르더라도 마땅히 언론 독립을 보장받으려 한다. 그러나 정치결사의 '무제한적인' 자유는 언론자유와 구분이 가능하다. 언론자유는 정치결사의 자유보다 덜 필요하지만 동시에 더 위험한 것이기도 하다. 국가는 정치결사의 자결권을 허용하면서도 일정한 테두리 내에 그 결사를 한정시킬 수 있다.

미국에서는 정치적 목적을 위한 결사의 자유가 무제한 허용된다. 이런 특권이 어느 정도로 허용되고 있는지는 다음 한 가지 사례를 통해 분명히 알 수 있다. 보호관세냐 자유무역이냐의 문제는 미국인들의 마음을 상당히 뒤흔든 문제였다. 관세는 여론의 주요 관심사로서 논란의 대상이 되었을 뿐 아니라 여러 주들의 물질적 이해관계와 밀접하게 결부되어 있었다. 관세부과로 인해서 북부지방은 상당한 정도의 번영을 누린데 비해 남부지방은 반대로 엄청난 피해를 입고 있었다. 오랜 세월 동안 관세문제는 미국을 뒤흔든 정치적 대립의 중요한 요인이었다. 관세논쟁이 가장 격렬하게 벌어지고 있던 1831년에 매사추세츠의 시민 한 사람이 신문지상을 통해서 관세제도에 대한 모든 반대자들에게 자유무역을 회복시키는 최선의 방법에 관해서 협의하기 위해서 필라델피아로 대표를 파견하라고 제의했다. 이 제의는 언론을 통해 며칠 사이에 메인주에서 뉴올리언즈까지 유포되었다. 관세 반대자들은 그 제안을 열렬하게 받아들였다. 곳곳에서 회합이 열려 대표들이 임명되었다. 대다수의 대표들은 잘 알려진 인물이었고, 그들 가운데 일부는 상당한 유명인사였다. 사우스캐롤라이나 주에서만도 63명의 대표들을 보냈다. 1831년 10월 1일 미국의 관습에 따라서 대회(Convention)의 이름으로 열린 이 집회는 필라델피아에서 개최되었는데, 그 대회에 참석한 위원들의 수는 200명 이상이었다. 그 대회의 토의는 입법에 관한 것이었고, 토의 내용은 공개되었다. 의회 권력의 범위, 자유무역 이론과 관세에 관한 여러 가지 규정에 관해서 토론을 벌였다. 개막 마지막 날인 열흘째에 대회 분위기가 고조되어 미국 국민들에게 보내는 선언서가 채택되었다. 그 선언서는 ① 의회에는 관세부과권이 없고 현행 관세는 위헌이며 ② 자유무역의 금지는 어떤 국민의 이익에도 배치되며 특히 미국 국민들의 이익에 배치되는 것이라고 피력했다.

정치결사의 자유가 무제한 허용될 경우 다른 나라에서라면 일어났을지도 모를 치명적인 결과가 이때까지 미국에서는 초래되지 않은 점을 인정해야 한다. 결사권은 과거에 영국으로부터 들어왔으며 미국 안에 항상 존속해왔다. 이 권리의 행사는 오늘날 미국 국민의 관행과 관습 속에 스며들어 있다. 오늘날 결사의 자유는 다수의 폭정에 대항하는 꼭 필요한 보장책이다. 미국에서는 어느 정당이 집권을 하게 되면 모든 공권력을 수중에 장악한다. 그 정당을 지지한 사람들이 모든 공직을 차지하고 모든 권력을 행사하는 것이다. 반대당의 가장 저명한 당원들이라도 그들을 정권에서 배제하는 장벽을 뛰어넘을 수 없기 때문에 그들은 정권 밖에 자리를 잡고서 소수당 위에 군림하는 다수의 권력에 대항해서 소수당의 모든 도덕적 권위를 결집해야 하는 것이다.

다수파의 만능이 미국에는 너무나 위험스러워 보이기 때문에 다수파의 만능을 제어하기 위해서 사용되는 위험한 방법은 해롭다기보다는 이로워 보인다. 민주제도를 가진 나라들은 그 어떤 다른 나라들보다도 정당의 독재나 통치권자의 자의적 권력남용을 막기 위한 결사가 더욱 필요하다. 귀족제도를 가진 나라에서는 귀족과 부유한 자의 집단이 왕의 권력 남용을 막는 자연적인 결사 노릇을 한다. 만일 개인들이 결사에 유사한 어떤 조직을 인위적이고 일시적으로 만들어낼 수 없을 경우 어떤 위대한 국민이라도 소수의 도당이나 단 한 개인에 의해 가차 없이 억압당할 수 있는 것이다.

정치적 목적을 위한 무제한적인 결사의 자유는 나라를 무정부상태에 빠뜨리지는 않아도 언젠가 그런 재앙을 초래할 가능성을 지니고 있다. 그렇지만 이 위험천만한 자유는 불순한 목적을 지닌 비밀결사라는 또 다른 위험을 막는 기능을 한다. 즉 결사를 자유로이 만들 수 있는 나라에서는 비밀 결사가 있을 필요가 없다. 미국에서는 당파는 있지만 반역음모는 없다.

미국에서는 소수파 시민들이 자신들의 수적 세력을 드러내어 다수파의 도덕적 정당성을 약화시키기 위해 또한 다수파를 공격하기에 가장 적합한 논거를 찾아내기 위해 결사를 형성한다. 왜냐하면 소수파는 항상 다수파가 되어 다수파의 이름으로 대권을 행사하려는 야망을 품고 있기 때문이다. 따라서 미국의 정치결사들은 평화적인 목적을 지니며 합법적인 수단을 사용한다. 그 결사들이 법에 의해서만 권력을 장악하려 한다는 주장은 사실이다. 미국인들과 유럽인들 사이에 이런 측면에서 부각되는 차이는 몇 가지 요인에 기인한다. 유럽의 정당들은 다수 국민들과는 너무 큰 차이를 가지고 있기 때문에 그 지지를 얻을 가망이 없지만 그 다수에 대항해서 싸울 수 있을 만큼 스스로 충분히 강하다고 생각한다. 이런 종류의 정당이 어떤 결사를 형성할 경우 그 목적은 남을 확신시키는 것이 아니고 싸우는 것이 된다. 미국에서는 다수파의 견해에 반하는 견해를 가지는 개인들은 다수파에 대항해서 아무 것도 할 수 없으며, 다수파 이외의 모든 정당은 다수파를 설득하여 자신들의 원칙에 따르도록 하기를 바란다.

그렇다면 대규모 정당들이 다수의 지지를 얻지 못할수록 결사권의 행사는 위험한 것이 된다. 견해의 차이가 어조(nuances)의 차이 정도로밖에는 여겨지지 않는 미국과 같은 나라에서는 결사권이 무제한하게 허용되어도 나쁜 결과를 낳지 않을 수 있다. 우리 프랑스인들처럼 자유 행사의 경험이 없으면 결사의 자유를 단지 통치자들을 공격하는 권리로 간주하게 된다. 개인은 물론 정당에게 떠오르는 첫 번째 생각은 자신의 세력이 충분하다는 확신이 설 경우 폭력을 휘두르는 것이다. 설득하겠다는 생각은 나중에 생기며 경험을 쌓아야 나오는 생각이다. 다른 여러 정당들로 나뉜 영국인들은 결사권을 남용하는 일이 드물다. 그 까닭은 그들은 오랜 세월에 걸쳐 결사권을 행사하는데 익숙해져왔기 때문이다. 프랑스의 경우에는 싸움을 바라는 욕망이 너무나 강렬하기 때문에 결사권이 그만큼 광란적으로 행사되어 국가이익을 저해하게 된다. 따라서 프랑스인들은 자기들 목숨을 바치면서까지 명예스럽게 결사권을 지킬 의사는 가지고 있지 않은 것이다.

미국에서 정치결사의 폭력성을 순화시켜주는 가장 강력한 요인은 보통선거이다. 보통선거가 실시되는 나라에서는 다수파에 대한 의심이 있을 수 없다. 왜냐하면 어떤 정당도 투표에 참가하지 않은 유권자들을 대표한다고 자부할 수 없기 때문이다. 결사들은 스스로가 전체 국민이나 다수를 대표하지 않는다는 것을 알고 있다. 미국에서 누가 보더라도 결사들은 국민의 소수만을 대표하기 때문에 토론을 선호하는 것이다.

유럽의 결사의 주요 목표는 토론보다는 행동을, 확신시키기보다는 싸우기를 택하기 때문에, 이들 결사는 자연히 법을 지키는 평화로운 조직보다는 군대식의 생활 습관과 규율을 지닌 조직을 택하게 되는 것이다. 그 결사들도 가능한 한 소수의 지도자들에게 전체 당의 권력을 위임한다. 이들 결사의 구성원들은 전투 중인 군인처럼 군호에 따라 행동한다. 그들은 기꺼이 복종한다는 교의를 공공연히 말한다. 이는 그들이 함께 뭉치면서 스스로의 판단권한을 지도자에게 넘겨줘버리는 것을 의미한다. 또한 이들 결사들의 내부에서 사람들이 공격하는 전제정보다 더욱 참기 어려운 하나의 전제 체제가 구성원들을 지배하는 경우가 흔하다. 그 결과 그 결사들의 도덕적 힘은 훨씬 줄어들며 따라서 이들 결사들은 피압박자들이 압박자들에 대항해서 싸우는 투쟁에 으레 따르기 마련인 신성한 성격을 잃는다. 어떤 특정 경우에 있어서 자기 동료들에게 비굴하게 복종하기로 동의하고 자기 의지와 생각마저 동료들에게 넘겨버리는 사람이 있다면 그 사람이 자유롭게 되기를 바란다고 어찌 자부할 수 있겠는가?

미국인들도 결사의 내부에서 하나의 통치기구를 수립했지만 그 기구는 군대식이 아닌 하나의 민간 기구이다. 개별 결사들의 독립성은 인정된다. 사회에 있어서와 마찬가지로 모든 구성원들은 동시에 같은 목표를 향해서 나아가지만 반드시 같은 길을 따라가야 하는 것은 아니다. 아무도 자신의 이성과 자유의지의 행사를 포기하지는 않지만 누구나 그와 같은 이성과 의지를 기울여서 공동의 과업을 달성하기 위해 매진하는 것이다.

4. 지도자선출 제도의 장점

유럽인들은 국민들에게 자치 능력이 없다는 것을 인정하지만 국민들이 언제나 국가의 복리를 희구하며 또한 마찬가지로 통치권을 행사하기에 가장 적합한 인물을 본능적으로 자신들의 대표로 선출한다고 주장한다. 내가 놀란 점은 시민들 가운데는 뛰어난 재능을 가진 인물들이 많은데 비해 정부 관리들 가운데는 별로 찾을 수 없었다는 점이다. 오늘날 미국에서는 가장 능력 있는 인물들이 국가의 지도자가 되지 않는 것이 상례로 되어 있다. 지난 50년 동안에 미국의 뛰어난 정치가들의 수가 크게 줄어든 것이 사실이다. 이런 현상이 초래된 이유는 몇 가지 있다. 엄청난 노력을 기울인다 할지라도 일정한 수준 이상으로 국민의 지능을 올릴 수는 없다. 지식을 아무리 쉽게 얻을 수 있고 또한 손쉬운 방법과 값싼 학문이 아무리 널리 보급된다고 해도 인간은 심성을 훈육하고 개발하기 위해서는 상당한 세월을 투자해야만 하기 때문이다.

미국에서는 국민들이 상류계급을 증오하지는 않지만 그들에게 호감을 품지는 않고 있으며 그들을 권력행사에서 조심스럽게 배제하고 있다. 미국인들은 뛰어난 재능을 두려워하지 않지만 그런 재능을 가진 사람들을 별로 좋아하지 않는다. 일반적으로 국민의 도움 없이 성공한 사람들은 누구든지 그들의 호의를 별로 얻지 못한다.

심각한 위협을 당해 국가가 위기에 처할 경우 국민은 국난을 극복하기 위해 가장 유능한 시민을 선출하는 데 흔히 성공한다. 인간은 정말 위급한 상황에 처하게 되면 자신의 일상적인 태도를 벗어나 지나치게 흥분하거나 지나치게 낙망한다. 그런 현상은 민족들의 경우에도 해당한다. 극심한 위험을 당하면 어떤 국민의 에너지는 솟구치지 않고 사라져 버린다. 어떤 국민은 정열을 가누지 못하고 흥분해서 그 에너지를 소진해버린다. 유태인들은 자기네 성전이 파괴돼 연기를 내뿜는 가운데 서로 싸우고 죽였다. 그러나 민족이나 개인을 막론하고 위기가 임박하면 비상한 덕성을 발휘하는 경우를 보다 자주 볼 수 있다. 그렇게 되면 밤의 어둠으로 가려진 거대한 건물들이 휘황한 불빛으로 부각되듯이 위대한 인물들이 두각을 나타나는 것이다. 그와 같은 위기 속에서 천재는 서슴지 않고 전진하는 것이다. 국민도 자신들이 처한 위기에 놀라서 한동안 투기하는 마음을 잊는다. 그렇게 해서 위대한 인물이 투표를 통해 정치지도자로 등장하게 되는 것이다.

오늘날의 미국 정치인들은 50년 전의 미국 정치인들보다 수준이 떨어진다. 이런 현상은 그 나라의 법률에 기인할 뿐 아니라 상황에도 기인하는 것이다. 미국이 다른 나라의 멍에에서 벗어나려고 독립의 기치를 높이 걸고 투쟁하고 있었을 때 또한 이 세계에 새로운 나라를 탄생시키려 매진하고 있었을 때, 주민들의 정신은 그 위대한 목표에 걸맞을 만큼 고양되어 있었다. 이처럼 전반적으로 고양된 상태 속에서 뛰어난 인물들은 마음 놓고 사회의 부름에 부응할 수 있었으며 국민들도 그들을 확고하게 지지했고 그들을 영도자로 받들었다. 그러나 이런 경우는 드물며 아주 일반적인 상황에 따라서 우리는 판단해야 한다.

뉴잉글랜드에서는 윤리와 종교에 토대를 둔 교육과 자유가 자리 잡고 있으며, 그 사회는 오랜 세월에 걸친 안정을 누려서 원칙과 일관된 습관을 형성할 만한 능력을 갖추기에 이르렀다. 그 지역에서는 비록 재산과 출신에 의한 모든 특권을 없애기는 했어도 일반인들도 지적·윤리적 우월성을 존중하는 데 익숙해 있다. 결과적으로 뉴잉글랜드에서는 어느 다른 곳에서보다도 현명한 민주주의적 선택이 이루어지는 것이다.

그러나 남부지방으로 내려갈수록 공직자들 가운데는 재능과 덕성을 지닌 인물들의 수가 적어지는 것을 알 수 있다. 남부지방에 속하는 여러 주들의 경우 사회의 연혁이 짧을 뿐 아니라 교육이 불충분하고 윤리, 종교, 자유에 얽힌 여러 원칙들이 조화롭게 결합되지도 못하고 있는 것이다. 마지막으로 사회가 바로 얼마 전에 형성되었고 모험가들과 투기꾼들이 뒤엉켜 이루어져 있는 남서부의 신흥 주들에 이르면 공직에 앉아 있는 사람들을 보고 놀라게 된다. 법률이나 그 법률을 움직이는 사람들이 아니라면 무슨 힘으로 국가를 지킬 수 있고 사회의 융성을 기할 수 있는가를 묻지 않을 수 없게 된다.

그렇지만 민주주의의 이런 위험한 경향을 어느 정도 시정하는 데 기여할 수 있는 민주적인 성격의 몇 가지 법률이 있다. 워싱턴의 하원에 들어가 보면 그 대회의체의 천박한 형태에 놀라게 된다. 하원의원 전체 속에 인물다운 인물이 거의 없다. 하원의원들은 거의 모두 한미한 출신 사람들이다. 그들은 대부분 시골 변호사나 상인 또는 하층계급 출신이다.

하원에서 멀지 않은 곳에 상원이 있다. 상원의원에는 상당수의 미국명사들이 들어 있다. 상원의원은 대부분 활동적이고 당당한 경력을 가지고 있다. 상원은 당당한 웅변을 자랑하는 법률가, 저명한 장군, 현명한 관리 및 저명한 정치가들로 이루어져 있는데, 이들의 토론은 유럽의 가장 뛰어나다는 의회 토론에 비추어보아도 조금도 손색이 없다.

어떻게 이런 이상야릇한 차이가 생기며, 왜 하원보다는 상원에 능력 있는 시민들이 모이는가? 왜 하원의원들은 대체로 천박하고 상원의원은 지성과 재능을 겸비한 듯 보이는가? 아직까지 미국에서 상원이 국민의 이익에 적대적이라는 말이 나온 적은 없다. 그렇다면 어떤 원인에서 하원과 상원의 그런 놀라운 차이가 기인하는가? 하원은 국민이 직접 선출하고 반면에 상원은 피선된 기구들이 선출한다는 점이 이런 차이를 설명해줄 듯싶은 유일한 이유이다. 시민들 전체가 각 주의 입법부를 지명하며 연방헌법은 이들 입법부를 수많은 선거인단으로 전환시켜 상원의원들을 뽑게 한다. 이처럼 상원의원은 간접투표로 뽑힌다. 상원을 뽑는 주 의회는 독자적인 선출권한을 가진 귀족기관이나 특권기관이 아니며 시민 전체가 선출한 기관이다. 주 의회는 일반적으로 매년 선출될 수 있을 것이다. 그러나 피선된 사람들의 회의체를 통해서 국민의 권위를 전달하는 것은 그 회의체 속에서 중대한 변화를 일으켜 분별력을 진작시키고 그 선출에 발전을 가져오는 것이다. 이런 방식으로 선출되는 인물들은 국민을 다스리는 다수를 대표한다. 그러나 그들은 사회를 혼란에 빠뜨리는 사소한 열정이나 사회에 해독이 되는 악폐보다는 사회 속에 내재하는 고귀한 사상 및 고귀한 활동을 진작시키는 관대한 성향을 대표하는 것이다. 나는 이 특이한 선거제도를 모든 사회 계층이 골고루 정치권력을 행사하게 하는 유일한 방법이라고 간주한다. 이 제도를 어느 정당의 배타적 무기로 전환시키려는 사람들이나 이 제도를 사용하기를 두려워하는 사람들은 모두 잘못 생각하고 있는 듯하다.

5. 공동체 옹호 정신

어떤 국민은 선천적으로 변덕스럽고 열정적인 반면에 다른 국민은 온화하고 타산적이다. 이와 같은 특성은 그들의 신체적인 체질이나 또는 우리가 알지 못하는 연원이 깊은 원인에서 유래하는 것이다. 행진이나 법석대는 축제를 좋아해서 짧은 시간의 놀이에 수백만 금을 허비해도 아까워하지 않는 국민이 있는가 하면 그와는 반대로 좀 더 조용한 놀이를 좋아해서 왁자지껄 노는 것을 부끄럽게 여기기까지 하는 국민도 있다. 어떤 나라에서는 아름다운 공공건물에 높은 가치를 부여하지만 또 어떤 나라에서는 예술품들을 소홀히 대하고 비생산적인 것은 무엇이든지 하찮은 것으로 여긴다. 어떤 나라에서는 명성을, 또 다른 나라에서는 돈을 각기 중시하고 있다.

법률과는 관계없이 이와 같은 모든 요인들이 국가재정의 운영에 엄청난 영향을 미친다. 미국인들이 국민의 세금을 공공축제에 결코 쓰지 않을 경우, 그 이유는 금이 국민의 통제를 받기 때문만이 아니라 국민이 축제에 전혀 흥미가 없다는 점에 기인한다. 만약 그들이 건축물에 장식을 전혀 하지 않고 실질적이고 검소한 삶을 중시한다면, 그것은 그들이 민주제도 아래서 살기 때문이 아니라 상업적인 국민이기 때문이다. 사생활의 습관이 공공생활에서도 이어지고 있는 것이다. 그러므로 그들이 제도에 기초하는 절제와, 그들의 습관과 관행의 당연한 결과인 절제를 신중하게 구별하지 않으면 안 된다.

국가적 위기가 발생할 경우 민주정부가 어느 정도의 위기관리 능력을 발휘할 수 있을지 말하기는 어렵다. 미국은 민주공화정의 첫 번째 사례가 되고 있다. 미국 연방은 오늘날까지 반세기 동안 지속되어왔다. 미국은 단 한번 존망의 위기에 처한 적이 있다. 즉 독립전쟁 동안이었다. 독립전쟁이 시작되자 국민들은 국가에 봉사하기 위해 엄청난 노력을 기울였다. 그러나 전쟁이 장기화함에 따라서 사사로운 이기심이 고개를 쳐들기 시작했다. 국고에는 돈이 들어오지 않았고, 군대에는 신병이 들어오지 않았다. 국민들은 여전히 독립을 바라고 있었지만 독립을 얻을 수 있는 유일한 방법을 쓰려고 하지 않았다.

해밀턴[22]은 『더 페더럴리스트(The Federalist)』 제12호에서 이렇게 주장하고 있다. "징세를 강행하기 위한 새로운 방법을 시도했지만 허사였다. 정부의 기대는 모두 무산되었다. 국가 재정은 텅 비어 있었다. 민주정부의 본성에 내재하는 민주적인 행정제도 때문에 그때까지 광범한 징세를 위한 모든 노력이 무산되었고 마침내 상하 양원에서 그런 노력이 어리석다는 사실을 일깨우기에 이르렀다."

22 해밀턴(Alexander Hamilton, 1755~1804)은 영국령 서인도제도에서 태어났다. 킹스 칼리지(지금의 컬럼비아대학교)를 중도에서 그만두고 미국독립전쟁 중 G.워싱턴의 부관으로 활약하였다. 독립 후 아나폴리스회의, 헌법제정회의에서 뉴욕대표로 참가하여 강력한 연방정부 조직을 주장하였으나 반발을 초래하였다. 그러나 연방헌법 비준을 성립시키기 위하여 J.매디슨 등과 함께 헌법을 옹호하는 논문 〈연방주의자 The Federalist〉를 신문에 발표하였다. 이 논문집은 미국 건국 주역들의 정치사상을 알기 위한 귀중한 자료가 되었다. 대통령 워싱턴 밑에서 1789~1795년 재무장관이 되었고, 국채액면상환(国債額面償還), 주채(州債)의 연방정부 인수, 국립은행의 창설, 보호관세의 설립 등 상공업의 발달을 중시한 재정정책을 취하였다. 그의 정치경제사상, 특히 경제사상은 미국의 발전에 지대한 영향을 미쳤다.

미국에는 징병제가 도입되어 있지 않고 대신 입대 보상금으로 사병의 입대를 유도한다. 미국 국민의 사고와 습관은 강제징병제에는 너무나 부합하지 않기 때문에 차후 그 제도가 법제화될 수 있을 것인지 의심스럽다. 이른바 징병제는 프랑스에서는 확실히 국민에 대한 가장 무거운 부역이다. 그렇다면 저 엄청난 독립전쟁을 징병제 없이 어떻게 치를 수 있었던가? 미국인들은 선원을 징용하는 영국인의 사례를 채택하지 않았고 상선을 징발하는 프랑스식 제도에 상당하는 제도도 없었다. 상선대는 물론 해군도 지원병으로 충원되었다. 그러나 이 두 가지 제도 가운데 어느 한쪽에 의존하지 않는 채 어떻게 해상전을 치를 수 있을 지 얼른 납득이 가지 않는다. 그런데도 미국은 이미 당당하게 해전을 치렀다.

미국이 어렵기는 하지만 선원징용이나 상선 징발을 택하지 않고서도 해군력을 유지할 것이라는 미국 정치가들의 고백을 들은 일이 있다. 그러나 주권자인 국민들이 그런 조처에 승복하게 만드는 데 난관이 따른다. 자유로운 국민은 위기 시에 어떤 다른 체제를 누리는 국민보다도 훨씬 많은 활력을 드러낸다는 점은 의심의 여지가 없다. 그러나 그것도 귀족적 요소가 우세한 자유로운 국민들의 경우에 특히 그렇다고 나는 믿고 싶다. 민주정치는 국가의 존망이 걸린 위기가 오래 지속되는 상황보다는 평화 시의 통치나 급격한 노력을 열정적으로 경주하는 상황에 더 적합한 것으로 보인다. 그 이유는 아주 분명하다. 열정이 일어나면 사람들은 위험과 궁핍을 감수하지만 깊은 생각을 거치지 않고서는 그런 고난들을 오래 견디려 하지 않는다. 또한 최초의 노력은 정열만으로도 생길 수 있는 것이지만 인내를 계속 유지하려면 싸우는 목표를 분명히 인식해야 한다. 우리는 귀중한 것의 일부를 나머지 모두를 구하기 위해서 포기할 수 있다. 그러나 민주정치에서 국민들은 이성적으로 판단하기보다는 감정적으로 처리하는 경향이 있다. 또한 현재의 고통이 클 경우 패배에는 더 큰 고통이 수반한다는 사실을 잊을 우려도 있다.

나는 민주정부가 궁극적으로 사회의 실질적인 세력을 증가시키리라고 생각한다. 그러나 민주정부는 결코 귀족정치나 절대군주제만큼 특정한 시기에 단 하나의 지점에 그렇게나 많은 힘을 결집시킬 수는 없다.

만약에 어떤 민주국가가 한 세기 동안 내내 공화정 제도를 계속 유지한다면 그 기간 말기에는 전제적인 이웃나라들보다도 더욱 부유해지고 인구도 더욱 늘어날 것임은 거의 확실하다. 그러나 그 세기 동안에 이웃나라들에게 정복당할 위험에 자주 처할 것이다.

6. 관료와 정부의 절제

여기서 관료란 법집행을 위임받은 모든 관리를 말한다. 절대왕정의 관료와 민주주의 정부 하의 관료는 양자 모두 상당한 정도의 자의적 권력을 행사한다. 그 이유는 양자 모두의 경우 유사하다.

전제국가에서는 어느 누구의 운명도 안전하지 않다. 관료도 일반인이나 다름없이 안전하지 못하다. 군주는 자신이 고용하는 신하의 생명, 재산 그리고 때로는 명예까지도 장악하고 있다. 그래서 군주는 그 신하들을 전혀 두려워하지 않는다. 군주는 신하들이 자기에게 대항해서 사용하지 않으리라는 것을 확신하기 때문에 그들에게 커다란 재량권을 부여한다. 전제국가에서는 군주가 자신의 권력에 너무 집착하기 때문에 자신이 만든 법규가 가하는 제약까지도 싫어한다. 또한 자기 신하들의 행위가 자신의 욕망에 결코 배치되지 않도록 하기 위해서 신하들이 무원칙하게, 말하자면 그때그때 정황에 따라서 행동하기를 바란다.

민주주의 국가에서 다수는 자신들이 임명한 관리에게서 권력을 탈취할 권리가 매년 부여되기 때문에 관리의 권력 남용을 두려워해야 할 이유가 전혀 없다. 국민은 언제나 정무를 수행하는 관리에게 자신들의 의지를 알릴 수 있기 때문에 관리의 활동과 국민적 권위를 곧 위축시키게 될 불변의 행동규범을 정하기보다는 관리로 하여금 자유로이 행동하도록 내버려두기를 택한다.

좀 더 자세히 살펴보면 민주주의 치하에서는 전제국가의 경우보다 관료에게 훨씬 더 큰 자의적 권한이 부여된다는 점을 알 수도 있다. 전제국가에서는 군주가 자신이 알게 되는 모든 실책을 즉각 처벌할 수 있지만, 그렇다고 모든 실책을 다 파악할 수는 없다. 그와는 반대로 민주주의 국가에서 주권은 최고 권력일 뿐 아니라 보편적으로 존재하는 것이다. 사실상 미국의 관리는 법률이 정하는 행동영역 안에서는 유럽의 어느 나라 관리보다도 훨씬 더 큰 재량권을 갖는다. 그들이 목표를 달성하기 위해 어떤 방법을 선택하는가는 그들의 재량에 맡겨지는 일이 매우 흔하다. 예를 들어 미국의 뉴잉글랜드에서 각 타운의 행정위원들이 배심원을 선택하는 데 있어 기준으로 정해진 유일한 규칙은 선거권과 덕망을 지닌 시민들을 선발하는 것뿐이다. 프랑스에서는 이렇게 엄청난 권리가 어떤 종류이든 관리에게 위임된다면 신민들의 생명과 자유가 위험에 처하는 것으로 여겨질 것이다. 뉴잉글랜드의 공무원들은 술집에서 상습음주자의 이름을 파악하고 마을주민들이 그들에게 술을 주는 것을 금지시킬 권한을 가진다. 이와 같은 풍기단속권은 지독한 절대군주국 주민들에게서도 거부반응을 불러일으킬 것이다. 그러나 미국에서는 별다른 반발 없이 용납되고 있다.

제5장

지방자치제도

1. 타운제도
2. 뉴잉글랜드의 타운
3. 뉴잉글랜드의 행정
4. 행정에 관한 전반적인 평가

제5장

지방자치제도

1. 타운제도

미국에는 두 개의 정부가 있는데, 하나는 주 정부이고 또 다른 하나는 연방 정부이다. 주 정부는 지역사회에 관한 업무 및 시민들의 일상생활에 관한 일을 담당하고, 연방 정부는 한정된 범위에서 국가의 전반적인 이익에 관한 업무를 수행한다. 주정부는 일상적인 업무를 수행하고 지역 사회의 무한정한 매일 매일의 요청에 부응하는 것이고, 연방정부는 일정한 한계 안에 머무르면서 나라의 전반적인 이익에 관해서 예외적인 권위를 행사하는 데 그친다. 오늘날 미국 사회를 지배하고 있는 위대한 정치원칙들은 주에 기원을 두고 성장해 왔으며, 주에서 이루어지는 지방자치제도는 주권재민의 원칙을 연방정부보다는 훨씬 더 잘 반영하고 있다.

현재 미국을 구성하는 주들은 그들 제도의 외양에 관한 한 모두 똑같은 특징을 나타내고 있다. 주에서 정치와 행정은 다음 세 가지에 초점이 맞춰지고 있다. 순서상 타운(the township)이 먼저이고, 다음이 카운티(the county) 그리고 마지막이 주(the state)이다. 이 세 가지 지방자치단체 중에서 타운이 주민의 의사를 반영하는 기초 행정단위이다. 미국의 타운은 여러 사람이 한 곳에 정착할 때 저절로 형성되는 완전히 자연발생적인 마을이다. 마을은 어떤 법률과 관습을 가지고 있던지 간에 모든 민족에게 존재한다. 마을의 형성이 인간 역사와 동시에 시작되었을지라도 마을의 자유는 그리 자주 나타나는 것도 아니고 침해되기 쉬운 것이다. 한 민족은 일상적으로 사태를 다스릴 수 있는 습관은 아니더라도 그런 재능을 타고난 일정 수의 개인들을 보유하고 있기 때문에 언제든 위대한 정치 기구들을 수립할 수 있다. 마을의 자주성을 확립하는 데 따르는 어려움은 주민의 지혜가 늘어감에 따라 줄어들기는커녕 늘어난다. 고도로 문명화된 사회에서는 국지적 자주성을 허용하는 일이 드물며, 커다란 희생을 치르고 얻어진 마을의 여러 가지 자주적 권리는 전혀 지켜지지 않은 채 최고 권력자의 침해에 내맡겨진다. 마을들은 강력하고 공격적인 정부에 대항해서 맨손으로 싸울 수 없다. 마을들은 그 민족의 관습을 따르지 않고 여론의 지지를 받지 못한다면 자체 방어에 성공할 수 없다. 따라서 마을의 자주성은 주민의 생활태도에 자리 잡지 않을 경우 쉽사리 파괴된다.

마을의 자주성은 법률 안에 오랫동안 녹아든 이후에야 주민의 생활태도의 일부가 될 수 있다. 자치의 자유는 인간의 노력으로 얻어진 열매가 아니다. 그 자유는 말하자면 반야만적 사회상태 속에서 은밀하게 자생한 것이다. 자치의 자유가 생겨나려면 법률, 민족적 관습, 특이한 환경 그리고 무엇보다도 오랜 세월이 필요하다. 그러나 그 자유의 덕을 본 나라가 유럽대륙에는 확실히 없다. 그런데 자치제도는 자유로운 민족들의 세력을 형성한다. 타운집회는 사람들에게 자유를 어떻게 사용하는 지 그리고 어떻게 누리는 지를 가르쳐준다. 한 민족은 자유로운 정부를 세울 수는 있겠지만, 자치제도가 없이는 자유정신을 가질 수 없다.

미국의 모든 타운과 카운티가 똑같은 모양으로 형성되어 있는 것은 아니지만 전역에 걸쳐서 거의 비슷한 원칙들에 토대를 두고 있다. 이런 원칙들은 다른 어느 곳에서보다도 뉴잉글랜드에서 가장 성공적인 결과를 보여주기 때문에 뉴잉글랜드의 타운제도를 관찰하기란 비교적 쉽다. 타운제도는 오랜 세월에 걸쳐 만들어진 것이고 법률의 지원을 받으면서 더욱이 지역사회의 생활관습에 녹아들어 강력한 힘을 얻고 있다. 그 제도는 지역사회에 엄청난 영향력을 행사한다. 이런 여러 가지 이유로 해서 타운제도는 우리의 특별한 관심의 대상이다.

2. 뉴잉글랜드 타운

뉴잉글랜드 타운의 인구는 대체로 2천~3천 명 정도이다. 타운은 너무 크지 않기 때문에 그 주민들의 이해관계가 상충하지 않을 것이고 또한 지나치게 작지 않기 때문에 업무를 관장할 수 있는 사람들을 언제라도 그 시민들 가운데서 구할 수 있을 것이다. 다른 어느 곳에서나 마찬가지로 타운에서도 국민이 권력의 원천이다. 다름 아닌 미국에서 국민들은 타운을 통해 자신들의 권력을 가장 직접적으로 행사하며 주인 노릇을 한다.

뉴잉글랜드에서는 다수가 대표들을 통해서 공공업무를 수행한다. 그러나 입법 및 행정에 관한 공공업무가 피치자들에게 더욱 가까이 있는 타운에서는 대의제도가 채택되지 않는다. 자치협의회도 없다. 그러나 유권자 집단은 타운의 관리들을 선출한 뒤에는 단순하고 일상적인 법집행을 넘어서는 모든 일에 있어서 그들에게 지시를 내린다. 이런 상황은 우리 프랑스인들의 생각이나 관습과는 너무나 다르기 때문에 필자는 몇 가지 사례를 제시한다.

타운의 공공업무는 지극히 많고 세분되어 있다. 그러나 타운 행정권의 대부분은 '행정위원'이라는 매년 선출되는 몇몇 사람에게 부여된다. 주의 일반적인 법률이 이들 행정위원들에게 일정한 임무를 부여하는데, 그들은 이런 임무를 타운 주민들의 권위 없이도 수행할 수 있겠지만 소홀히 할 경우에는 자신들에게 책임이 돌아온다. 이를테면 행정위원들은 주의 법률에 따라 자기네 타운의 유권자 명단을 작성해야 한다. 이런 직무를 수행하지 않을 경우 그들은 직무유기의 혐의를 받는다. 또한 행정위원들은 타운 집회에서 가결된 모든 업무에 관한 주민들의 위임사항을 수행한다. 그들은 통상 자신의 책임 아래 행동하고 앞서 다수가 인정한 원칙들을 그저 실천할 따름이다. 그러나 그들은 기존 상황에 변화를 도모하거나 어떤 새로운 사업을 시도해 보려 할 경우, 자기네 권력의 원천인 주민들에게 의존해야 한다. 이를테면 어느 학교를 세우려 한다면, 행정위원들은 지정된 날 지정된 장소에서 유권자회의를 소집한다. 그들은 사안의 절박성을 설명한다. 그들은 학교를 건설할 방법, 예상되는 경비, 가장 적합해 보이는 건립 장소를 유권자들에게 알린다. 유권자회의는 이들 몇 가지 사항들에 대해서 상의한다. 그 회의는 원칙을 정하고, 부지를 확정하고, 세금을 결정하고, 행정위원들에게 회의의 결정사항을 통고한다.

행정위원들만이 타운 집회를 소집할 권리를 가지고 있지만 그들은 그 소집을 요청받을 수도 있다. 10명의 주민이 새로운 계획을 타운 집회에 회부하여 동의를 얻고자 한다면, 그들은 타운 집회의 소집을 요구할 수 있다. 행정위원들은 그 요구에 응해야 하고 집회에서 사회권만을 가진다. 미국에서의 이런 정치형식과 이런 사회관습은 의심할 바 없이 우리 프랑스인들에게는 생소한 것으로 보인다.

행정위원은 해마다 3월 혹은 4월에 선출된다. 타운집회는 그와 동시에 수많은 여타 타운 관리들을 뽑는다. 이들 관리들에게는 중요한 행정기능이 맡겨진다. 과세사정관은 타운 전체의 세율을 정한다. 징세관은 세금을 거둔다. 보안관은 질서를 유지하고, 거리를 감시하고, 법률을 집행한다. 타운의 서기는 타운의 투표 결과, 명령 등을 기록한다. 가난한 사람들을 담당하는 감독관은 구빈법을 집행하는 어려운 과업을 수행한다. 교육위원은 학교교육과 공공교육을 감독한다. 도로감독관은 타운의 대·소 도로를 관장한다. 이들 말고도 다른 군소 관리들이 있다. 공공예배의 비용을 감사하는 교구위원, 화재시 주민들의 소화작업을 지시하는 소방관, 도량형 검사관 등 여러 관리들이 있다. 타운에는 모두 19개의 주요 관직이 있다. 이들 직책에 대해서는 업무에 비례해서 보수를 지불하기 때문에 가난한 시민들도 관리로서 봉사할 수 있다.

주권재민의 원칙이 인정되는 나라에서 개인은 누구나 평등하게 권력을 나누어가지며 평등하게 국사에 참가한다. 그렇다면 그는 왜 사회에 복종하며, 이와 같은 복종의 자연스런 한계는 무엇인가? 각 개인은 자기 동료 시민 누구나와 마찬가지로 학식도 있고, 덕성도 있으며, 힘도 있는 것으로 항상 간주된다. 각 개인이 사회에 복종하는 것은 그가 사회를 움직이는 사람들보다 모자라거나 또는 다른 어떤 사람들보다 자치 능력이 뒤떨어지기 때문이 아니다. 서로를 인정하고 복종하는 이유는 각 개인이 자기 동료 시민들과 협동하는 것이 이득이 된다고 생각하기 때문이다. 각 개인은 시민 상호간의 의무를 준수해야만 하는 신민이다. 그러나 각 개인은 자기 자신과 관련되는 모든 일에 관한 한 하느님에 대해서만 책임을 질 뿐 자유롭다. 즉 모든 사람은 자기 자신의 개인적인 이익에 관해서는 최선의 판단자이며, 어떤 사람의 행동이 공동이익에 배치되지 않거나 공동이익이 그 사람의 도움을 요구하지 않는 한 사회에는 그 사람의 행동을 규제할 권리가 없다. 이런 주장은 미국에서는 보편적으로 인정되고 있다. 자치기구들을 검토함으로써 그 원칙이 일상생활에 미치고 있는 전반적인 영향력을 고찰해 보자.

개인과 타운과의 관계는 타운과 연방정부와의 관계와 같다. 타운은 연방정부에 대해서 개인처럼 행동한다. 따라서 미국에 있어서의 자치의 자주성은 바로 주권재민 원칙의 자연스런 결과이다. 미국의 모든 주는 정도의 차이는 있을지언정 그 원칙을 인정하고 있는데 특히 뉴잉글랜드의 상황이 그 원칙의 확립에 유리했다.

뉴잉글랜드의 정치생활은 타운에 그 기원을 두고 있다. 타운 하나하나는 본래 독립 국가나 마찬가지의 역할을 한다고 말할 수 있을 것이다.

영국 왕들이 식민지였던 미국의 지배권을 주장했을 때도 그들은 국가의 중앙권력을 장악하는 데 만족했다. 그들은 타운에 대해 간섭하지 않았다. 현재 타운은 뉴잉글랜드 주에 종속되어 있으나 처음에는 전혀 그렇지 않았으며, 그렇다 해도 그 종속의 정도는 미약했다. 타운은 그 자체의 권력을 중앙정부로부터 받은 것이 아니고 오히려 스스로 자주권의 일부를 주에 양보했다. 바로 이 점이 독자들이 언제나 염두에 두어야 할 중요한 특색이다. 타운은 내가 앞으로 '사회적'이라고 부를 그런 이익의 경우에 있어서만, 다시 말해서 그런 이익들이 다른 모든 타운에게 공유되는 것일 경우에만 일반적으로 주에 대해 종속하는 것이다. 타운은 자체에 관련된 모든 일에 있어서 자주적이다. 뉴잉글랜드 주민들 가운데 어느 누구도 주가 자기네 타운 일에 간섭할 어떤 권리를 가지고 있다는 점을 인정하지 않을 것이다. 뉴잉글랜드의 타운은 상급 행정 당국으로부터 제재를 받으리라는 생각을 하지 않은 채 물건을 사고팔며, 소송을 하거나 소송을 당하고, 예산을 늘리거나 줄이는 것이다.

그러나 타운이 수행해야 할 일정한 사회적 의무들이 있다. 만약 주가 돈이 필요하다면 타운은 재정 지원을 미룰 수 없다. 주가 도로를 계획하고 있다면, 타운은 자기네 영역을 가로질러 가지 못하게 할 수 없다. 주가 경찰규정을 제정할 경우 타운은 그 규정을 시행해야 한다. 통일적인 공공 교육제도가 법으로 제정될 경우, 모든 타운은 법이 정하는 학교를 세워야 한다. 타운은 이와 같은 의무를 이행할 때에는 자주권을 전적으로 행사한다. 학교의 설립은 의무적인 것이기는 해도 세우고 돈을 내고 감독하는 것은 타운이다. 세금은 주에 의해서 가결되지만 부과하고 징수하는 것은 타운인 것이다. 프랑스에서는 국가징세관이 지방조세를 거둔다. 미국에서는 타운징세관이 주의 세금을 거둔다. 프랑스 정부는 정부 관리들을 지방에 파견하는 것이지만, 미국에서는 타운이 그 관리들을 정부에 빌려주는 것이다. 이 사실만으로도 두 나라 사이의 차이가 얼마나 큰지 알 수 있다.

미국에는 자치기구가 타운정신에 힘입어 생명력을 지니고 있다. 뉴잉글랜드의 타운은 온 인류의 관심을 강렬하게 끌만한 두 가지 이점을 가지고 있다. 자주성과 권위가 그것이다. 사실상 뉴잉글랜드의 영역은 제한되어 있다. 그러나 그 영역 안에서의 자주성과 권위의 작용은 무제한적이다. 비록 그 타운의 범위와 인구의 규모가 보잘것없어서 자주성이 보장될 것인지 확실하지 않다고는 해도, 자주성만으로도 타운에는 실질적인 중요성이 생기는 것이다.

인간의 관심은 일반적으로 권력을 지향하게 마련이다. 정복당한 나라에서는 애국심도 오래 지속되지 않는다. 뉴잉글랜드인이 자기네 타운에 애착을 갖는 것은 자기가 그곳에서 태어났기 때문이 아니라 타운이 자신이 그 구성원이고 그것을 움직여 나가는 데 노고를 기울일만한 가치가 있는 자유롭고 강력한 공동체이기 때문이다. 유럽에서는 집권자들이 지방에는 공공정신이 없다는 사실을 종종 한탄한다. 즉 질서와 평온을 보장할 길이 전혀 없으며 그렇다고 질서와 평온을 새로 구축하는 일만큼 어려운 일은 없다는 데 모든 사람들의 의견이 일치하고 있다. 그러나 자치기구들이 힘과 자주성을 갖도록 한다면, 그것들은 너무나 강력해져서 국가를 혼란에 빠뜨릴지도 모른다는 우려도 있다. 이에 비해 권력과 자주성을 갖지 못한 타운에서 주민들은 착한 신민은 될 수 있지만 능동적인 시민은 될 수 없다. 또 한 가지 중요한 사실은 뉴잉글랜드의 타운은 인간 심성 가운데 야망을 부추기지 않으면서도 가장 따뜻한 인간 애정을 이끌어 낸다는 점이다. 카운티 관리들은 선출되지 않으며 그들의 권위는 아주 제한적이다. 주까지도 제2급의 지역사회에 지나지 않기 때문에 주의 미미하고 조용한 행정업무는 사람들이 자기 고향 마을에 대한 관심 대신 복잡한 공무에 대한 관심을 갖게 할 만큼 자극적인 요소를 제공하지 못한다. 연방정부는 그러한 관심의 변화를 유도하는 사람들에게 권력과 명예를 부여하지만 이러한 사람들의 수는 절대로 많지 않다. 대통령이라는 높은 지위도 인생의 한창 시기가 지난 뒤에야 이를 수 있을 따름이며, 다른 고위 연방관리들도 일반적으로 운이 좋았거나 다른 어떤 분야에서 뛰어난 재질을 보인 사람들이다.

이에 비해 일상생활의 터전인 타운에서 주민들은 공공의 존경을 받거나 권위나 인기를 얻으려는 욕구를 실현할 수 있다. 그러나 타운의 상위 제도인 카운티와 주는 선출직으로 사람을 뽑지 않기에 이런 욕구를 실현할 수 없다. 따라서 보통사람들의 관심은 주로 자기가 생활하는 타운에 집중된다. 타운에서는 가능한 한 많은 수의 사람들로 하여금 공익에 관심을 갖도록 하기 위해 권력이 놀랄 만큼 정교하게 배분되어 있다. 때때로 투표권을 행사하는 유권자들은 물론 여러 분야에서 지역사회를 대표하는 수많은 관리들 사이에 권력이 분산되어 있다. 따라서 지방행정은 수많은 개인들에게 지속적으로 이익을 제공하거나 그들의 관심거리가 되는 것이다.

그렇게나 많은 시민들에게 권력을 분산하는 미국의 제도는 타운 관리들의 기능을 서슴지 않고 확대한다. 이런 방식으로 타운의 활동은 주민들의 지속적인 관심의 대상이 된다. 또한 타운의 활동은 업무 이행이나 권리행사에서 매일매일 나타나는 것이다. 그리하여 부드러운 움직임이 사회 안에서 지속적으로 유지되며, 이런 움직임은 사회를 활성화하여 혼란에 빠지는 것을 막는 것이다. 미국인들은 등산가가 산에 집착하듯이 자기들의 작은 지역사회에 애착을 갖는다. 그 까닭은 자기들 나라의 특징이 다른 어느 곳보다도 지역사회에 더 부각되어 있기 때문이다.

일반적으로 뉴잉글랜드 타운에 사는 주민들의 만족도는 대체로 높다. 주민들은 자신들의 취향에 어울리는 정부를 선출하기 때문이다. 미국을 지배하고 있는 평화롭고 안정적인 삶 가운데 그런 자치 생활이 제약을 받는 경우는 드물다. 지방에서 사업을 벌이는 일은 쉬운 노릇이다. 주민들에 대한 정치교육은 오래 전부터 완벽하게 실시되어 왔다. 그것은 주민들이 처음 미국 땅에 발을 내디뎠을 때 이미 완전한 것이었다고 말하는 편이 타당할 것이다. 뉴잉글랜드에는 계급차별 전통이 전혀 존재하지 않는다. 그 지역 사회의 어느 한편이 나머지 부분을 박해할 유혹에 빠지지 않는다. 비록 정부가 잘못을 저지른다 해도 사람들은 그런 것에 주의를 기울이지 않는다. 왜냐하면 정부의 권력은 실제로 피치자들로부터 나오고 있기 때문이다. 정부가 좋건 나쁘건 피치자들로부터 정치권력이 유래한다는 사실 때문에 피치자들은 정부의 결점을 감싸주려는 어버이 같은 자부심을 가지게 된다. 더욱이 뉴잉글랜드 주민들은 자신들의 정부와 비교할 수 있는 대상을 어디에서도 찾지 못하고 있다.

뉴잉글랜드 주민들은 타운이 자주적이고 자유롭기 때문에 그것에 애착을 갖는다. 그들은 타운이 자신에게 베풀어주는 복리 때문에 애착을 가지게 되며 타운의 복지는 그들이 앞으로 쏟을 노력과 야망의 표적이기도 하다. 그들은 마을에서 일어나는 모든 일에 참가한다. 그들은 자기 손이 닿을 수 있는 작은 영역 안에서 정부의 일을 실천한다. 그들은 바로 그런 방식에 익숙해지는 것이다. 그런 방식이 없을 경우에는 자유는 혁명이 아니고서는 도저히 전진할 수 없다. 그들은 그 형식의 정신을 섭취하고, 질서를 존중하는 태도를 얻으며, 세력균형 감각을 이해하게 되고, 자기의 의무의 본질과 자기 권리의 범위에 대해 분명하고 현실적인 개념을 얻게 된다.

3. 뉴잉글랜드의 행정

미국에서 카운티의 범위는 자의적으로 정해졌다. 카운티에 포함된 여러 지역들 사이에는 필연적인 연관성도, 공동적인 전통이나 타고난 연대의식도 없을 뿐만 아니라 생활공동체도 전혀 없다. 카운티가 생겨난 목표는 단지 행정을 용이하게 하자는 것이다.

타운의 크기는 너무 작기 때문에 사법기관이 있을 수 없다. 이에 비해 카운티는 사법 활동의 일차적인 대상이 된다. 각 카운티에는 법원, 법원의 명령을 집행하는 치안관이 있다. 한 카운티 안의 모든 타운들이 공통적으로 느끼는 어떤 필요들이 있다. 하나의 중앙 권위체가 그런 필요들을 충족시키는 것은 당연하다. 매사추세츠주에서는 이런 권위가 몇몇 관리들에게 부여되는데, 이 관리들은 지사자문협의회의 자문을 받은 주지사에 의해 임명된다. 카운티의 행정관에게는 한정되고 예외적인 권한만이 부여되는데, 이런 권한은 미리 정해진 일정한 경우에만 사용될 수 있다. 주와 타운은 일상적인 공무에 필요한 모든 권력을 소유하고 있다. 카운티의 행정관은 예산을 준비할 수 있을 따름이다. 예산은 주의회에서 표결된다. 직·간접으로 카운티를 대표하는 회의체는 전혀 없다. 그러므로 카운티에는 정치적 존재가 없다.

대다수 미국의 제도는 이중적인 경향을 띠는데, 그것에 따르면 입법자는 입법권을 집중시키고 행정권을 분리해야 한다. 뉴잉글랜드의 타운은 그 자체로서 파괴할 수 없는 생활원칙을 가지고 있다. 그러나 그와 같은 독특한 생활이 카운티에 그저 가상적으로 도입될 수 있을 뿐이었고 카운티에서는 그런 생활의 필요성이 느껴지지 않았다. 모든 타운을 합해서 단 하나의 대표기관을 형성하는데 그것이 주이고, 주는 모든 국가권위의 중심이다. 타운의 행위와 주의 행위 이상으로는 개인의 행동이 있을 뿐이라고 말할 수 있을 것이다.

미국을 여행하는 유럽의 여행자에게 이른바 우리가 정부나 행정이라고 부르는 것이 없다는 사실만큼 놀라운 일은 없다. 미국에도 성문법은 있으며 그 법들이 매일매일 집행되는 것을 볼 수 있다. 그러나 만사가 순조롭게 움직인다 해도 움직이는 주체를 어디에서도 찾을 수 없다. 사회라는 기구를 움직이는 손은 눈에 띄지 않는다. 누구든지 자기 생각을 나타내기 위해서 언어의 기초가 되는 특정한 문법형식에 의존하지 않으면 안 되는 것처럼, 어느 지역사회든지 무정부상태에 빠지지 않으려면 특정한 권위에 복종함으로써 자기네 생존을 확보하지 않으면 안 된다.

이런 권위는 몇 갈래로 분산될 수 있는 것이기는 해도 언제나 어디엔가 존재해야만 한다.

한 나라에서 권위의 힘을 줄이는 데는 두 가지 방법이 있다. 첫 번째 방법은 사회로 하여금 특정 상황 아래서 자위행위를 취하는 것을 금하거나 막음으로써 지배 권력을 바로 그 원칙에 있어서 약화시키는 것이다. 이와 같은 방식으로 권위를 약화시키는 것은 유럽적 방법이다. 권위의 영향력을 줄이는 두 번째 방법은 사회로부터 그 권리의 일부를 빼앗거나 그 노력을 마비시키는 것이 아니고, 여러 사람들에게 그 권력 행사를 분산시키고 또한 관리들을 늘려서 그들 각자에게 임무 수행에 필요한 정도의 권력을 부여하는 방법이다. 이처럼 사회 권력을 분산하여 무정부상태에 이르는 나라들도 있겠지만 권력분산 자체는 무정부적인 것이 아니다. 사실상 이처럼 분산된 권력은 불가항력적이나 해로운 것으로 되지 않으며 그렇다고 파괴되지도 않는다. 미국의 독립혁명은 성숙하고 사려 깊게 자유를 애호한 데서 일어난 것이지 잘 알지도 못하고 막연하게 독립을 열망하는 데서 일어난 것은 아니었다. 혼란스런 무정부적 열정과는 아무런 관련도 없을 뿐 아니라 오히려 그 진로는 법과 질서에 대한 애호정신으로 특징지어지고 있다.

미국 시민은 자기가 좋아하는 일이면 무슨 짓이든지 할 권리를 가지고 있다는 생각은 결코 하지 않았다. 시민들은 오히려 다른 어느 곳에서보다도 더 많은 사회적 의무가 자신에게 부과되는 것을 당연시하였다. 그런 원칙을 비난하거나 사회의 권리에 도전하려는 생각도 전혀 하지 않았다. 그러나 공직은 강력한 것이지만 관리는 중요하지 않도록, 그리고 지역 사회가 조절하는 힘을 가지는 동시에 자유스럽도록 하기 위해서 권위의 행사는 분산되었다. 미국에서처럼 법률이 절대적인 언어로 군림하는 나라는 이 세상에는 없다. 또한 법률 운용권이 그처럼 많은 사람들 수중에 분산되어 있는 나라도 없다. 미국의 행정권은 그 구성면에 있어서 중앙집권적이거나 위계적인 양상을 전혀 나타내지 않고 있다.

이런 점 때문에 그 행정권의 집행은 별로 감지되지 않는 것이다. 권력은 존재하지만 그 대리자는 어디에도 보이지 않는 것이다.

뉴잉글랜드의 자주적인 타운은 어느 후견자의 보호를 받고 있지 않다. 오히려 타운은 자체의 사사로운 이익을 스스로 처리하고 있었다. 또한 자치기구의 관리는 주의 법률을 집행하거나 아니면 법률 집행을 감독하는 인물이다. 주는 일반적인 법률 이외에도 때로는 일반적인 경찰규정을 가결하지만 타운 집회와 타운 관리들은 치안 판사와 더불어 지방의 필요에 따라서 사회생활의 세부 사항을 규제하고 시민들의 풍기는 물론 지역사회의 보건과 치안에 관련된 명령을 포고한다. 마지막으로 이들 타운 관리는 밖으로부터 아무런 충동도 받지 않고 자신의 의사에 따라서 사회에서 흔히 일어나는 예측불가능한 긴급사태에 대비한다.

매사추세츠 주에서는 행정권이 거의 전적으로 타운집회에 한정되어 있다. 그런 이유 때문에 타운 집회에서는 행정권이 수많은 개인들에게 분산된다. 프랑스의 코뮌(Commune)에는 오직 한 사람의 관리만이 행정을 전담한다. 그런데 뉴잉글랜드에서는 19명의 관리가 있다. 이들 19명의 관리는 일반적으로 서로 독립적이다. 이 관리들 각자의 행동영역은 꼼꼼히 법률로 정해져 있다. 그 영역 안에서 그들은 다른 어느 권위로부터 독립적인 전권을 가지고 자신들의 기능을 수행한다. 이들 관리들이 타운 집회보다 더 큰 권위를 가지고 있는 것처럼 보일 수도 있지만 행정적인 위계의 흔적은 거의 찾아 볼 수 없다.

카운티의 관리는 물론 타운의 관리도 미리 정해진 몇몇 쟁점에 대해서는 자신들의 행위를 중앙정부에 알려야 한다. 그러나 중앙정부에게는 법 집행을 위한 경찰규정과 명령을 공표하거나, 타운과 카운티의 관리들과 정기적인 연락을 취하면서 그들의 업무를 감시하거나 그들의 행위를 지도하고 또는 그들의 실책을 나무라는 것 등을 업무로 하는 관리가 없다. 행정의 구심점 노릇을 할 기관이 없다.

그렇다면 어떻게 일정한 계획에 따라서 통치해 나갈 수 있는가? 또한 어떻게 카운티나 타운 혹은 그 관리들이 순응하게 할 수 있는가? 뉴잉글랜드에서는 입법 기관이 프랑스의 입법기관보다 더 많은 권한을 가지고 있다. 입법자는 행정의 바로 핵심에까지 파고든다. 법률은 세부사항에까지 미친다. 똑같은 법률에 그 법률의 적용 원칙과 방법이 규정되고, 엄격하고 확고하게 정의된 수많은 의무조항들이 주의 하급기구들과 관리들에게 부과된다. 그 결과 행정의 모든 하급관리들이 법률에 부응한다면, 사회는 각 부문에서 지극히 일관성 있게 나아갈 것이다. 그러나 어떻게 하급기구들과 행정관리들을 법률에 따르도록 할 것인가 하는 어려움이 남는다. 사회에는 법 집행을 강제할 수 있는 두 가지 방법밖에 없다고 일반적으로 확언할 수 있다. 그들 관리 가운데 한 사람에게 다른 모든 사람을 지도하고 불복할 경우에는 그들을 제거하는 재량권이 맡겨질 수 있다. 혹은 법원들로 하여금 범법자에게 사법형을 가하게 할 수도 있다. 그러나 이 두 가지 방법을 언제나 쓸 수 있는 것은 아니다.

관리에 대해 명령을 하달할 권리 가운데는 그가 명령에 불복할 경우 면직시키거나 그가 자신의 직무를 적절히 수행할 경우 진급으로 보상한다는 권리가 미리 상정되어 있다. 그러나 선거로 뽑힌 관리는 면직시킬 수도 혹은 진급시킬 수도 없다. 그들의 임기가 만료될 때까지는 선거에 따르는 모든 직능은 양도 불가능한 것이다. 사실상 선거로 뽑힌 관리는 자기를 선출한 주민들 말고는 기대할 것도 두려워할 것도 없다. 또한 모든 공직이 선거로 충원될 경우 관리의 계서가 있을 수 없다. 왜냐하면 명령을 내리고 집행하는 이중적인 권리가 절대로 같은 사람에게 주어지지 않을 뿐 아니라 명령을 내리는 권력에 형벌을 가하거나 보상을 지급하는 권력이 절대로 추가될 수 없기 때문이다.

그러므로 하급관리를 선거로 뽑는 사회는 행정수단으로 형벌을 크게 이용해야 한다. 이런 사실은 얼핏 봐서는 분명하지 않다. 왜냐하면 집권자들은 선거로 관리를 뽑는 제도를 하나의 양보로 간주하는 경향이 있으며 선거로 뽑힌 관리가 사법관에게 복종하는 것도 또 하나의 양보라고 보곤 한다. 집권자들은 이 두 가지 제도를 모두 싫어한다. 또한 그들은 선거로 뽑힌 관리가 사법관에게 복종하는 경우보다는 선거로 관리를 뽑는 경우를 더 잘 인정하려 하기 때문에 관리의 선거에는 수긍하되 그 관리를 사법권으로부터 독립을 유지하게 한다. 사법권에 예속되지 않으면서 선거로 뽑힌 권력은 조만간 모든 통제를 피하거나 파괴당하게 될 것이다. 법원은 중앙권력과 행정기구들 사이에 있을 수 있는 유일한 중재자이다. 법원만이 선거인의 권리를 침해하지 않은 채 선거로 뽑힌 관리들을 복종하게 할 수 있다. 그러므로 정치세계에서 사법권이 확장되는 것은 선거권의 확대와 정비례함에 틀림없다. 만일 이 두 제도가 병행해서 나아가지 않을 경우, 국가는 무정부상태나 전제정으로 빠질 것이다.

미국인은 자신의 조상인 영국인으로부터 유럽대륙에는 알려져 있지 않은 제도에 관한 아이디어를 빌려왔다. 치안판사제도가 바로 그것이다. 치안판사는 관리와 민간인 사이에 또 관리와 판사 사이에 위치하는 일종의 중개인이다. 치안판사는 반드시 법률에 정통하지는 않더라도 박식한 시민이다. 그는 주어진 규정에 따라 사회의 경찰임무를 수행한다. 그 업무수행에 있어서 법률에 대한 지식보다는 상식과 성실성이 더 중요한 역할을 한다. 미국인은 영국의 치안판사 제도를 채택했으나 영국에서 두드러지게 나타나는 귀족적 성격을 그 제도에서 제거하고 있다. 매사추세츠 주지사는 각 카운티에 일정 수의 치안판사를 임명하며, 그 임기는 7년이다. 그들 중 주지사로부터 지명 받은 세 사람이 각각 카운티에 지방형사법원을 형성한다. 치안판사들은 개인적으로 공공행정에 참여한다. 그들은 때로는 선거로 임명된 관리들과 연합해서 행정기능을 위임받는다. 그들은 때로는 하나의 법원을 구성하는데, 이 법원에서 관리들이 법을 위반한 시민을 기소하거나 시민들이 비리를 저지른 관리를 고발한다.

치안판사들이 가장 중요한 기능을 발휘하는 곳은 지방형사법원이다. 이 법원은 카운티 소재지에서 1년에 두 차례 열린다. 매사추세츠에서 지방형사법원은 행정기구일 뿐 아니라 동시에 정치기능을 가진 법원이라고 할 수 있다. 카운티는 순수한 행정단위에 지나지 않지만 지방형사법원은 행정기구인 동시에 정치적 기능을 갖는다. 이 말은 공무에 있어서 지방형사법원은 전적으로 행정기구지만, 타운의 행정에 관해서는 사법기구로 행동하게 된다는 말이다.

스스로 거의 독립적인 권력을 이루고 있는 타운을 주의 일반적인 법률에 복종하게 하는 일이 가장 어려운 일이다. 세금을 부과하기 위한 타운 집회는 매년 과세사정관을 임명한다고 말한 바 있다. 만일 타운이 과세사정관의 임명을 등한시함으로써 세금 납부를 회피하려 한다면, 지방형사법원은 해당 타운에 무거운 벌금을 부과한다. 그 벌금은 주민들 각자에게 부과된다. 카운티의 치안관이 그 명령을 집행한다. 이로써 모습을 드러내지 않으려고 애쓰는 통치 권력은 사법권 뒤에 숨은 상태지만 사법권의 법률에 힘입어 강력한 힘을 행사하는 것이다.

만일 뉴잉글랜드의 어느 관리가 공무집행에 '범죄'를 범할 경우, 일반법원은 '언제나' 그를 처벌하기 위해서 소집된다. 만일 관리가 행정업무에서 실수를 저지를 경우, 순전히 행정적인 법원이 그를 처벌할 권리를 가진다. 사안이 중요하거나 긴급할 경우, 판사가 그 관리가 수행했어야 할 일을 수행한다. 마지막으로 그 관리가 인간의 사법권으로는 정의할 수도 판별할 수도 없는 무형적인 범죄를 저지른다면, 그 관리는 소추가 없어도 매년 법원에 출두해야 한다. 법원은 즉시 그를 해임할 수도 있고 그에게서 봉급을 압류할 수도 있다. 이런 제도는 틀림없이 커다란 장점을 지니고 있지만 그 운용에는 마땅히 지적하고 넘어가야 할 현실적인 난관이 따른다.

주가 공식적으로 중죄인을 소추할 권한을 갖지만, 범죄자를 처벌하는 임무가 벌금수납 업무를 담당하는 재무관리에게 부여되는 일이 더욱 빈번하다. 따라서 타운의 재무관은 자기에게 통고되는 행정범죄의 기소를 관장한다. 그러나 미국의 법제는 시민 각인의 개인적 이익을 좀 더 특별히 배려하고 있다.

4. 행정에 관한 전반적인 평가

서북지역의 여러 주에 정착한 이민들은 뉴잉글랜드 태생인데 새로 살러 간 지방으로 자기들 고향의 행정 관습을 가지고 간 것이다. 오하이오의 타운제도는 매사추세츠의 그것과 다르지 않다. 매사추세츠에서는 공공행정의 원천이 타운에 근거한다는 것을 우리는 목격했다. 타운은 시민들의 관심과 애정이 함께 모이는 중심지이다. 그러나 주권재민에 관한 지식이 일반적으로 그리 널리 스며있지 않고 또한 그 결과 현명하고 능동적인 행정이 별로 보장되지 않는 것 같은 여러 주로 내려감에 따라 그런 경향은 자취를 감추는 것이다. 그러므로 뉴잉글랜드에서 멀어질수록 타운의 중요성이 점차 카운티로 옮겨지는 것을 알게 된다. 카운티는 행정의 중심지가 되고 정부와 시민 사이의 매개 권력이 되는 것이다. 매사추세츠에서는 지방형사법원이 카운티의 업무를 수행한다. 그러나 카운티에는 대의체가 없으며, 카운티의 예산은 주의회가 가결한다. 그와는 반대로 거대한 뉴욕 주, 오하이오 주와 펜실베이니아 주에서는 각 카운티의 주민이 일정 수의 대표들을 선출하는데, 이 대표들은 카운티의회를 구성한다. 카운티의회는 주민들에게 세금을 부과하는 권한을 어느 정도 보유하고 있다. 그런 측면에서 카운티의회는 진정한 입법기구이다. 동시에 카운티의회는 카운티 안에서 행정권을 행사하고 타운들의 행정을 이따금 지도한다.

위에서 말한 것이 카운티 행정과 타운 행정 제도들이 여러 주마다 나타내는 주요한 차이점이다. 미국 행정의 기초가 되고 있는 일반적 원칙은 여러 형태를 띠고 지역에 따라 달리 적용된다. 그러나 그 결과는 언제나 같다. 여러 지역에 걸쳐 나타나는 법률들은 서로 다르지만, 그 정신은 언제나 동일하다. 비록 타운과 카운티가 어디에서나 똑같은 방식으로 조직되지는 않는다고 해도, 그것들은 언제나 같은 원칙에 기초하고 있다. 다시 말하자면 모든 사람은 스스로가 자기 일에 관한 한 최선의 판단자이며 자신의 욕구를 충족시키는 데 있어서 가장 적절한 사람이라는 사실이 그 원칙이다. 그러므로 타운과 카운티는 주민들의 특별한 이익의 증진을 위해 노력해야 한다. 이 원칙은 예외가 있긴 하지만 지켜지지 않는 경우는 없다.

이런 원칙의 첫 결과는 모든 행정관리들을 주민들이 뽑거나 주민들 가운데서 선출하도록 만든 것이었다. 관리들은 어디에서나 정해진 임기동안 선임되거나 임명되기 때문에 위계적 권위의 지배체제를 확립할 수 없었다. 기능을 수행하는 기관 수와 거의 비슷한 수의 독립적인 관리들이 있으며 행정권이 수많은 사람들의 수중에 분산되어 있다. 여기서 행정을 사법의 통제 아래 두는 제도를 도입할 필요성이 생겼다. 또한 하급기구들과 그 대표를 법률에 복종시키기 위한 벌금제도의 도입 필요성도 생겼다. 이런 제도를 미국 전역에서 찾아볼 수 있다. 영국계 미국인들은 일반 시민들 가운데서 치안판사를 뽑아 치안판사제도를 운용했다. 치안판사들은 어디에서나 관리로서 또는 공직자의 비행을 심판하는 판사로서 타운과 카운티의 행정에 참가한다. 그렇지만 대부분의 주에서 좀 더 중요한 공직자의 범죄는 일반법원이 관장한다.

따라서 관리 선출, 그들 기능의 양도 불가능성, 권력계서제의 부재 및 하급 행정부서에 대한 사법 통제의 도입 등은 메인 주로부터 플로리다 주에 이르기까지 나타나는 미국 제도의 가장 중요하고 보편적인 특징이다. 일부의 주(뉴욕 주가 이런 방향으로는 가장 앞섰다고 할 수 있다)에서는 중앙집권적인 행정의 흔적을 감지할 수 있다. 뉴욕 주에서는 중앙정부의 관리들이 어떤 경우에 있어서는 하급기구에 대해서 일종의 감독 내지 통제권을 행사한다. 그런 것 말고도 주정부 관리들은 사건 판결을 위한 일종의 항소법원을 구성한다. 뉴욕 주에서는 다른 곳에서보다도 행정수단으로서의 사법처벌이 덜 활용되고 있다. 또한 공직범죄소추권이 다른 곳보다 더 소수의 손에 부여되었다. 이와 같은 경향이 일부 다른 주에서도 약간 보이기는 하지만 일반적으로 미국의 현저한 특징은 지나칠 정도의 지방분권화이다.

이제까지 나는 타운제도와 행정에 관해서 기술했다. 이제 남은 것은 주와 정부에 관한 것이다. 그런데 이 분야는 빨리 지나쳐도 별 오해는 없으리라고 생각한다. 왜냐하면 내가 다루어야 할 것이 모두 쉽게 구할 수 있는 여러 성문법령 속에서 찾을 수 있기 때문이다. 이 법령은 간단하고 합리적인 이론에 기초하고 있다. 그 형식의 대부분은 모든 입헌국가들이 채택한 바여서 우리에게 잘 알려져 있다. 그러므로 여기서는 간략히 언급하는데 그치기로 한다.

미국의 행정력은 유럽의 경우보다 훨씬 규칙적이지도, 개명되지도, 기술적이지도 못하지만 엄청나게 더욱 거대하다. 세계의 어떤 나라 시민도 공공복리를 위해서 미국 시민만큼 애쓰지 않는다. 그렇게 수많은 효율적인 학교를, 주민들의 요구에 더욱 적합한 공공 예배장소를, 아주 잘 정비된 도로를 세운 어떤 다른 국민도 나는 알지 못한다. 미국인들이 중앙집권화된 제도로부터 보다는 분권화된 제도로부터 더 큰 '정치적' 이익을 얻는다.

유럽의 여러 나라에서는 주민들이 자기가 사는 지역에 대해서 무관심하다. 주민이 참여하지도 못하고 알지도 못하는 사이에 커다란 변화가 그 지역에 일어나기도 한다. 더욱이 그는 자기 마을의 상태, 마을의 치안, 교회나 사제관의 보수 등에도 아무 관심이 없다. 왜냐하면 그는 이 모든 일들이 자신과는 아무런 관계도 없으며 그 자신이 정부라고 부르는 힘센 이방인의 재산이라고 생각하기 때문이다. 그는 이런 재산에 대해서 자기 것이라는 의식이 없고 그저 관심을 가지고 있을 따름이다. 이처럼 무관심한 사태가 지나쳐서 자기 자신이나 자기 처자식의 안전에 마침내 위험이 닥쳐도 위험을 막으려고 노력하기보다는 정부가 자기를 도우려고 올 때까지 팔짱을 끼고 기다리는 것이다. 이렇게 완전하게 자기 자신의 자유의지를 내버린 사람도 어느 누구보다도 복종을 싫어한다. 사실상 그는 하급 관리 앞에서도 굽실거리지만 그 관리가 자리를 뜨면 정복당한 적이 품게 되는 반항정신을 가지고 법에 감히 맞선다. 그는 굴종과 방종 사이를 언제까지나 오락가락하고 있다.

어떤 국민이 이런 지경에까지 이르렀다면 그 관습과 법률을 바꾸든가 아니면 멸망하는 도리밖에는 없다. 왜냐하면 관습과 법률을 바꾸지 않는 한 공중도덕의 원천이 메말라버리기 때문이다. 그런 나라에는 신민은 있을지 모르지만 시민은 없다. 이런 공동체는 당연히 외적의 침략으로 몰락하게 된다. 이런 나라들이 완전히 사라지지 않는 까닭은 자기네들과 비슷하거나 그보다도 못한 다른 나라들에게 둘러싸여 있기 때문이다.

법률은 꺼져버린 신념을 다시 일깨울 수는 없다. 그러나 사람들은 법률 덕분에 자기 조국의 운명에 관심을 가질 수 있다. 법률을 통해 사람들에게 애국심을 일깨울 수 있다. 그 애국심이 일상생활의 습관 속에서 나타날 경우 그것은 지속될 것이다. 그런 실험을 하기에는 너무나 늦었다고 말할 필요는 없다.

내가 미국에서 찬탄해 마지않는 것은 지방분권의 '행정적' 성과가 아니라 '정치적' 측면에서의 성과이다. 미국에서는 국가 이익이 어디에서나 존중되고 있다. 국가 이익은 전체 미국인의 열렬한 관심의 대상이며, 시민은 누구든지 국가 이익이 마치 자기 자신의 이익인 것처럼 적극 옹호하는 것이다. 그는 국가의 영광에 자부심을 가지며, 국가의 융성에 자신이 기여했다는 점을 자랑스럽게 여기고 자신에게도 혜택이 돌아올 전체의 번영을 기뻐하는 것이다. 그가 국가에 대해서 가지는 감정은 그의 가족을 결속하는 감정과 비슷하다. 그가 자기 나라의 복리에 관심을 가지는 것은 일종의 이기심 때문이다.

유럽인들에게 공직자는 군림하는 권력을 상징하지만 미국인들에게 공직자란 자신들의 권리를 상징한다. 그러므로 미국인들은 자신보다 힘센 공직자에게 복종하는 것이 아니라 정의와 법률의 대변자로서의 공직자에게 굴복한다. 미국인은 거리낌 없이 자신의 권리를 내세우고 그 권리를 자랑스럽게 여긴다. 어떤 개인이 사업을 구상하고 있을 경우, 비록 그 사업이 사회복리와 직접적으로 관련이 있을지라도 그는 절대로 정부의 협조를 구할 생각을 하지 않는다. 오히려 그는 자기 계획을 공표하고, 그 실행을 제안하고, 다른 개인들의 협조를 구하면서 당당하게 모든 난관을 헤쳐 나간다. 비록 그 개인의 사업이 정부가 주도해서 할 경우보다 성공률이 낮을 수도 있다. 그래도 결과적으로 이들 개인들은 정부가 행하는 사업보다 더 큰 규모의 사업을 수행하기도 한다.

행정당국은 일반 시민들 가까이에서 봉사하며 또한 어느 정도는 시민들을 대표하고 있기 때문에 시민들의 질시를 불러일으키지는 않는다. 시민들은 행정당국의 재원이 제한적임을 인식하고 행정당국에 전적으로 의존하려고만 하지 않는다. 국가가 개입할 경우 일반 시민들은 자신들의 사업이 중단된다고 생각하지 않고 오히려 누구든지 국가행동을 지지할 준비가 되어있다. 개인들의 이런 행동에 당국의 행동이 합쳐져서 가장 정력적인 중앙집권행정이라도 도저히 해낼 수 없는 일이 성취되는 예가 흔하다.

예를 들면 범죄자 체포가 그것이다. 미국에서는 당국이 범죄 적발과 범인 체포를 위해서 취할 수단이 별로 없다. 주의 경찰은 없으며 통행증도 없다. 공직자의 수도 많지 않다. 그러나 미국처럼 범죄자가 처벌을 피해가기 어려운 나라도 없다. 그 이유는 국민이라면 누구든지 자신도 범죄증거 제시와 범인 체포에 관심을 가져야 한다고 생각하고 있기 때문이다. 내가 미국에 머물고 있는 동안 한 카운티에서 중범죄를 저지른 한 사람을 추포하여 기소하기 위해서 자발적으로 위원회가 구성되는 것을 목격한 일이 있다. 미국에서 범죄자는 인류의 적으로 간주되고 모든 사람으로부터 외면당한다.[23]

23 유럽에서는 범죄자는 관리들에 맞서 자기 생명을 부지하려고 애쓰는 불행한 사람인 반면 민중은 관리들과 범죄자의 싸움을 그저 구경만 하고 있을 따름이다.

지방분권은 어느 나라에서든 쓸모가 있지만 다른 어느 곳에서보다도 민주주의 국가에서 더욱 필요한 것으로 보인다. 작은 일에 자유를 누리도록 훈련받지 못한 사람은 큰일에서도 자유를 누리지 못한다. 각 개인의 인권이 제대로 존중받지 못하는 나라에서 시민들은 결속하지 않으면 집권화된 권력의 폭정에 맞서 저항하기 어렵다. 귀족정 국가에서 귀족들이 질서유지에 관심을 가지면서 동시에 전제군주의 폭정에 맞서는 것처럼, 민주주의 국가에서 자유로운 개인의 자발적인 참여로 이루어지는 지방분권은 시민들의 결속을 가능하게 해주는 아주 훌륭한 수단이 된다.

나는 지방분권제도가 가장 잘 발달된 두 나라 즉 영국과 미국을 방문했다. 이 두 나라에서 서로 다른 입장의 견해를 들었다. 미국에서 나는 민주주의 제도의 파괴를 은밀히 꾀하는 사람들을 만났다. 영국에서는 공공연하게 귀족제를 공격하는 사람들도 만났다. 그러나 이 두 나라에서 지방자치를 좋은 일이라고 여기지 않는 사람을 만나지 못했다. 두 나라의 시민들은 자기네 나라의 번영에 대한 이유를 여러 가지 들면서도, 그 중에서 분권화된 지방 기구의 이점을 한결같이 가장 높이 평가한다. 지방자치가 쓸데없다고 여기는 나라들이란 그런 자유를 별로 누리고 있지 않은 나라들이다. 달리 말하자면 그 자유를 모르는 나라들만이 지방자치제도를 비방하는 것이다.

제6장

개인주의의 극복

1. 민주주의 국가에서의 개인주의
2. 자유로운 제도의 역할
3. 결사체와 신문의 역할
4. 민간결사와 정치결사의 관계
5. 이기주의 원리에 대한 올바른 이해

제6장

개인주의의 극복

1. 민주주의 국가에서의 개인주의

오늘날 평등 없이는 자유가 확립될 수 없다. 전제정치 자체도 평등이 자리잡지 못하고 있다면 통치 권력을 유지할 수가 없다. 평등의 시대에는 모든 사람이 자기 자신 속에서 평등에 대한 믿음을 찾아낸다. '개인주의' (Individualisme)라는 것은 새로운 관념에 의해서 창출된 근자의 표현이다. 우리 유럽인의 조상은 오직 '이기주의'(egoisme)만을 알고 있었다. 이기주의는 자기 자신에 대한 열정적이고 지나친 애착을 말하는데, 그것은 인간으로 하여금 모든 문제를 자기 중심으로 생각하게 하고 자기 자신을 이 세상의 무엇보다도 좋아하게 한다. 개인주의는 사회의 각 구성원들로 하여금 동료 대중들과 분리시키고, 가족과 친구들과도 거리를 두면서 떨어져있게 한다. 개인주의는 타락한 감정에서부터 생기기보다는 잘못된 판단에서 생긴다.

이기주의는 맹목적인 본능에서 생겨나며, 모든 덕성을 파괴한다. 이에 비해 개인주의는 처음에는 공공생활의 덕성을 좀먹다가 마침내는 다른 모든 것을 공격하여 파괴하며 최후에는 이기주의로 전락한다. 이기주의는 인류 역사가 시작된 이래 존재해온 악덕이다. 그러나 개인주의는 민주주의를 그 기원으로 하고 있으며 그것은 조건의 평등화에 비례해서 확산될 위험이 있다.

귀족층에게는 가족이 수세기 동안 같은 상태와 같은 장소에 머물러 있다. 이 때문에, 모든 세대가 말하자면 동시대인이 되다. 어떤 귀족도 거의 언제나 자신의 조상들을 알고 있으며 존경한다. 그는 자신의 먼 후손들을 바라보며 그들을 이미 사랑하고 있다. 그는 자신의 조상과 후손에 대한 의무를 기꺼이 진다. 그는 조상과 후손을 위해 자신의 개인적인 만족을 종종 희생하려 한다. 귀족층의 구성원들은 자기 계급이 일반적인 국가보다 훨씬 더 현실적이고 가치 있는 작은 국가로 생각한다. 귀족 사회에서는 모든 시민이 상하로 명확하게 구분되어 있는 하나의 위치를 차지하고 있기 때문에, 그들 각자는 자기에게 필요한 보호를 베풀어주는 윗 계급의 사람과 자기가 협력을 요청할 수 있는 하위 계급의 사람으로 나누어 생각한다. 그래서 귀족 시대에 사는 사람들은 거의 언제나 자기 이외의 어떤 대상에 몰두하게 되고 자기 자신을 잊어버리는 데 익숙해져 있다. 귀족 시대에는 일반 인간에 대한 동료의식은 희박하며, 인류를 위해 자기희생을 감수하겠다는 생각은 별로 하지 않는다. 그러나 다른 사람을 위해 자기를 희생할 각오를 하는 경우는 가끔 있다. 반면 민주주의 시대에는 인류에 대한 개인의 의무가 훨씬 더 분명해질 때에 어떤 한 사람에 대한 헌신적인 봉사는 훨씬 더 드물어진다. 인류에 대한 애정의 폭은 넓어지지만, 애정의 강도는 약해진다.

민주주의 국가에서는 끊임없이 새로운 가문이 형성되고 또 없어지는 가문도 있다. 남아 있는 가문이라 할지라도 모두 그 모습이 달라진다. 앞서 살았던 사람은 쉽게 잊혀지고 뒤에 나타날 사람에 대해서도 생각하는 사람이 없다. 인간의 관심은 자기 자신과 밀접한 관련이 있는 사람들에게 국한된다. 각 계급은 점점 다른 계급에 접근하여 혼합됨으로써 그 구성원들은 서로 무심해져 계급적 동질성을 잃는다. 귀족정은 농부로부터 왕에 이르기까지 사슬로 모든 사회구성원을 계층별로 묶었으나 민주주의는 그 사슬을 파괴하고 그 고리의 마디마디를 잘라내 버렸다.

사회가 보다 평등해짐에 따라 비록 자기와 비슷한 처지의 사람들에게 커다란 영향력을 행사할 수 있을 만큼 부유하거나 강력하지는 못하지만, 자기 자신의 욕구를 충족시킬 수 있을 만한 교육을 받거나 재산을 충분히 확보한 사람의 수는 증가하고 있다. 그들은 어떤 사람에게도 빚진 것이 없으며 또 누구에게 어떤 기대도 하지 않는다. 그들은 항상 홀로 지낸다는 생각에 익숙해 있으며 그들의 모든 운명은 그들 자신의 손에 달려 있다고 생각하게 된다.

이와 같이 민주주의는 모든 사람으로 하여금 자기의 조상을 잊게 할 뿐만 아니라 후손에 대해서 무관심하게 만들고 동시대인으로부터 고립시킨다. 그래서 민주주의는 언제나 자기 자신에게만 집착하게 하며 마침내는 인간을 완전히 고독한 존재로 가두어버릴 위험을 안고 있다.

2. 자유로운 제도의 역할

전제군주는 본래 의심이 많기 때문에 국민의 상호 분열이야말로 그 체제를 유지할 수 있는 가장 확실한 보장책이라 생각한다. 인간의 감정 중에서 이기주의만큼 전제정에 적합한 악덕은 없다. 전제군주는 자기의 신민이 그들 상호간에 서로 사랑하지만 않는다면 군주 자기를 좋아하지 않는 것도 쉽게 용서해버린다. 그는 국가를 통치하는 데 자기를 도와달라고 국민에게 요구하지는 않는다. 국민 스스로 국가를 통치하려 하지 않는 것에 만족한다. 그는 사회의 번영을 위해 국민의 힘을 결집하려고 하는 사람을 불온하고 혼란을 야기시키는 사람으로 낙인찍는다. 그는 언어의 본래 의미를 왜곡하여 자기 자신 이외에는 어떤 사람에게도 동정심을 갖지 않는 사람을 선량한 시민으로 칭찬한다.

따라서 전제정치가 만들어내는 악덕은 바로 평등이 선호하는 악덕과 정확히 일치한다. 불행히도 이 두 가지는 상호 보완적으로 발전한다. 평등이 인간을 아무런 공통적인 유대에 의해 연결되지 않는 상태로 개별화한다면, 전제정치는 인간을 분열 상태에 얽매어두기 위해 장벽을 쌓는다. 전자가 인간으로 하여금 동료 인간을 생각하지 않도록 만든다면, 후자는 일반적인 무관심을 일종의 공공의 미덕으로 삼는다.

전제정치는 어느 시대에나 위험한 것이지만 민주시대에는 더욱 두려운 것이 된다. 민주주의 시대에 인간은 자유를 특히 필요로 한다. 시민은 공공업무에 종사해야만 할 때 반드시 사적인 이해관계의 테두리로부터 벗어나야 하며 때로는 자신을 살피지 못하는 경우도 있다. 어떤 사람이 공동의 문제를 공동으로 처리하게 될 때 그는 곧 자기가 처음에 상상했던 것만큼 자기의 동료 인간으로부터 떨어져 있는 것은 아니라는 것을 알게 되며, 그들의 지지를 얻기 위해서는 그는 가끔 그들에게 협조를 아끼지 말아야 한다는 것도 알게 된다.

민중이 통치하는 세상이 될 때는 그들의 호의를 얻어 존경과 애정을 자기 자신에게 끌어들이려고 노력하지 않는 사람이 없다. 그런데 타인들의 감정을 메마르게 하고 그들을 분열시키는 열정 중 많은 부분이 표면에서 사라져서 숨어 지내야 한다. 자존심도 감추어져야 하며 오만한 마음은 나타나지 말아야 한다. 그래서 이기심은 자기 자신마저 두려워한다. 자유로운 정부 아래에서는 대부분의 공직이 선거에 의해 결정되기 때문에 자기의 숭고한 정신이나 자신의 갈망에 대한 염려에 의해 사생활에서 철저히 제한을 받는 자들은 그들 주변의 사람들이 없이는 아무것도 할 수 없다고 생각하게 된다. 이러한 때 사람들은 야심이 동기가 되어 주위 사람들에 대해 관심을 갖게 되며, 그들은 어떤 의미로는 자신들을 잊어버리는 것이 그들에게 이익이 된다는 것을 알 때가 종종 있다. 나는 여기서 선거전략이나 후보자의 야비함 그리고 상대 후보자의 중상에서 나오는 어떤 반대에 직면할지 모르겠다. 이것은 선거가 잦을수록 더 많이 발생하는 반목의 기회가 된다. 이러한 악은 틀림없이 큰 것이지만 그것은 오래 지속되지 않는다. 반면에 그것에 따르는 이익은 오래 남는다. 당선되고자 하는 열망은 인간으로 하여금 한동안 난폭한 적대감에 사로잡히게 하겠지만 이 욕망은 장기적으로는 모든 인간이 상호 협조하도록 유도한다. 선거로 말미암아 두 친구가 갈라지는 경우가 있을지라도 선거가 없다면 서로 모르는 상태에서 살아갈 수많은 사람들이 선거제도로 인해 영구히 결합하게 한다. 자유는 개인적인 원한을 불러일으키지만 전제정치는 일반적인 무관심을 조장한다.

미국인들은 자유로운 제도 덕분에 인간을 개인주의적이게 만드는 평등의 좋지 않은 경향에 대처할 수 있었고, 그런 경향을 극복했다. 미국의 입법자들은 나라 전체의 문제를 다루는 대의기구가 민주적인 사회구조에 필연적으로 나타나며 또한 치명적인 무질서를 막는 데는 충분하다고 생각하지 않았다. 그들은 사회의 모든 구성원에게 협력해서 행동할 수 있는 기회를 최대한 제공해 주기 위해 정치생활을 영토의 각 지역별로 나누는 것이 좋다고 생각했다. 이 계획은 현명한 것이었다. 한 나라의 전체적인 문제는 지도적인 정치인들만의 관심을 끌고 있으며, 이들은 이따금 같은 장소에 모일뿐이다. 그 후에는 만나지 않으므로 그들 사이에 지속적인 유대는 확립될 수가 없다. 그러나 만약 일정한 구역의 지방사무가 그곳에 거주하는 사람들에 의해 수행되게 하는 것이 목적이라면 동일한 인물들이 항상 접촉을 가질 것이며, 어떤 의미에서는 서로 잘 알 뿐만 아니라 서로 적응할 수밖에 없을 것이다

어떤 개인으로 하여금 국가의 운명에 관심을 기울이게 만들기란 어렵다. 왜냐하면 개인으로서는 국가의 운명이 그 자신의 운명에 어떤 영향을 미칠 것인지를 분명히 파악하지 못하기 때문이다. 그러나 만약 그의 소유지의 양끝을 가로지르는 도로의 건설이 제기될 경우, 그는 당장 이 조그마한 공공업무와 자기의 중대한 개인적 업무 사이에 어떤 관련이 있음을 알게 된다. 그래서 그는 비록 증명되지 않을지라도 개인적인 이익과 일반적인 이익을 연결하는 밀접한 유대를 발견하게 될 것이다. 이와 같이 공공의 복지에 관심을 갖게 하고 그것을 위해서는 언제나 그들

의 상부상조가 요구된다는 것을 확신시키기 위해서는 시민들에게 공공업무 중에서 중대한 것을 맡기기보다는 사소한 업무를 맡겨보는 것이 훨씬 효과적일 것이다. 어떤 업무를 멋있게 처리한다면 단번에 국민으로부터 호감을 얻을 것이다. 그러나 주위 사람의 사랑과 존경을 얻기 위해서는 오랜 기간에 걸친 작은 봉사와 눈에 띄지 않는 선행, 습관화된 끊임없는 친절 그리고 사욕이 없다는 평판의 확립 등이 요구될 것이다. 그런데 지역적인 자유 덕분에 많은 시민들은 자기 이웃과 자기 친척의 애정을 중요시하게 되고, 영구적으로 단결하며 동시에 상부상조하게 된다.

미국에서는 부유한 시민들일수록 대중으로부터 고립되지 않기 위해 상당한 노력을 기울인다. 즉 그들은 지속적으로 하층민에게 접근하여 그 견해를 기꺼이 청취하며 그리고 하층민과 매일 대화를 나눈다. 민주주의 사회에서 부유한 사람들은 자신들이 언제나 가난한 사람들의 도움을 필요로 하고 있다는 것을 알고 있다. 민주주의시대에는 어떤 선행을 하는 것보다는 오히려 가난한 사람들에게 예의를 표함으로써 이들이 자신들에게 호의를 가지게 할 수 있다는 것도 알고 있다. 생활여건의 차이를 드러내는 선행은 받는 사람에게 보이지 않는 불쾌감을 불러일으킬 수 있지만 소박한 예의표명은 확실히 친근감을 품게 하는 매력적인 수단이 된다. 이러한 사실이 부자의 마음에 곧장 뿌리를 내리지는 못한다. 민주주의혁명이 지속되는 동안 부유한 시민들은 통상 그러한 일에 저항감을 느끼며 혁명이 완성된 직후에도 그것을 인정하려 들지 않는다. 그들은 선행을 하는 것에 기꺼이 동의하지만 여전히 가난한 사람들을 가까이 하기 싫어한다. 그들은 그것으로 충분하다고 생각하지만 이점은 잘못된 생각이다. 그들은 주위 사람들의 마음을 감동시키지 못한다면 스스로 무너질 것이다. 사실 이웃 주민들은 부유한 시민들에게 재산을 헌납할 것을 요구하는 대신 그들의 자존심을 버릴 것을 요구하는 것이다.

미국에서는 각 자치구역에서 가장 유식한 주민들은 공공의 번영을 증진시키는데 필요한 새로운 비밀을 발견하기 위해 자신들이 얻은 정보를 끊임없이 활용한다. 만약 그들이 그러한 방법을 찾아내면 그것을 신속하게 대중에게 넘겨준다.

미국에서 통치자들이 종종 저지르는 악덕을 면밀히 살펴본다면, 우리는 미국 국민의 번영하는 이유에 대해 놀라게 된다. 선거로 뽑힌 행정관리가 미국의 민주주의를 번창하게 하는 것이 아니라 그가 선거로 뽑히기 때문에 민주주의가 번창하는 것이다.

모든 미국인들이 동료 시민의 복지를 위해 드러내는 애국심이나 열정이 모두 다 현실성을 결여하고 있다고 생각한다면 그것은 옳지 못하다. 미국에서도 개인적인 이해관계가 다른 나라들에서와 마찬가지로 대부분 인간의 행동 방향을 결정한다 할지라도, 그것이 인간의 모든 행동을 좌우하는 것은 아니다. 나로서는 미국인들이 공공의 복지를 위해 큰 희생을 감수하면서 성실하게 상부상조하는 실례를 수백 가지나 보았다. 미국 주민들이 가진 자유로운 제도와 그들이 최대한으로 활용하고 있는 정치적인 권리는 모든 시민에게 수많은 방법으로 그들이 사회 속에서 살아가고 있다는 것을 일깨워준다. 그 제도덕분에 사람들은 매 순간마다 자신이 동료들에게 유용한 존재가 되는 것이 사람의 의무라는 생각을 품게 된다. 시민 개개인은 이제 노예도 아니고 또 주인도 아니기 때문에 다른 사람들에게 원한을 품을 만한 특별한 이유를 발견하지 못하고 쉽게 호의를 품게 된다. 처음에는 타산에 의해서 머지않아 본능적으로 공공의 이익을 앞세우게 된다. 동료시민의 이익을 위하여 애써 일한 덕분에 마침내 그들에게 봉사하는 습관과 취미가 형성된다.

프랑스 사람들 중에는 사회의 평등을 가장 큰 악으로, 정치적 자유를 그 다음의 악으로 생각하는 사람이 많다. 만약에 그들이 전자인 사회의 평등을 감내해야 할 경우, 적어도 후자인 정치적 자유로부터는 벗어나기 위해 노력한다. 그러나 내가 볼 때 평등이 초래할 수 있는 악에 맞서기 위해서는 오직 한 가지의 효과적인 방법이 있는데, 그것은 곧 정치적 자유이다.

3. 결사체와 신문의 역할

만약 개개의 시민이 개인적으로 더욱 무력해져서 자신의 자유를 단독으로 유지할 수 없을 경우, 그것을 유지할 목적으로 동료시민과 뭉치는 것을 배우지 않는다면 필연적으로 압제가 심화될 것은 분명하다. 여기서는 정치적인 목적과는 아무런 관계가 없이 시민생활 가운데서 형성된 결사에 대해서만 언급하고자 한다. 미국에 존재하는 정치적인 결사(association)[24]는 그 나라에 있는 무수한 결사들 가운데 오직 하나의 유형에 불과하다. 미국인들은 시대, 나이, 사회적 지위에 상관없이 끊임없이 결사를 조직한다. 모든 사람이 참가할 수 있는 상업 결사 및 공업 결사가 있을 뿐 아니라, 종교단체, 도덕단체, 진지한 단체, 쓸데없는 단체, 매우 일반적인 단체, 특수한 단체, 큰 단체, 작은 단체 등 수천 가지의 결사가 있다. 미국인들은 축제를 제공하기 위해서, 학교를 세우기 위해서, 여관을 짓기 위해서, 교회를 건립하기 위해서, 책을 배포하기 위해서, 다른 나라에 선교사를 파견하기 위해서 결사를 구성한다. 그들은 결사를 통해 병원, 교도소, 학교 등을 건설한다. 어떤 새로운 사업을 시작할 때 프랑스에서는 정부기관이 그리고 영국에서는 귀족이 앞장을 서게 되지만 미국에서는 틀림없이 결사가 그 사업에 개입하게 된다.

24 불어의 아쏘시아시옹(association)은 사전상 공동의 목적·이해를 가진 협회, 단체, 조합, 결사 등을 지칭한다. 그렇지만 아쏘시아시옹은 결사의 자유를 규정한 대한민국 헌법 제2장 21조에 나타나는 결사에 해당하는 말이다. 이점을 고려하여 차후 아쏘시아시옹은 모두 결사로 번역할 것이다.

나는 이전에는 몰랐던 여러 종류의 결사를 미국에서 접한 일이 있다. 그런데 나는 미국 주민들이 대단히 많은 사람들의 노력에 공통의 목적을 제공하고 또 그들이 자유로이 그것을 추구하게 하는 데 성공하도록 만들어주는 그 탁월한 기술에 대해 종종 칭찬해 왔다. 나는 그 후 미국인들이 그들의 법률과 관습 중에서 많은 것을 가져다 쓰고 있는 영국을 여행한 일이 있다. 영국에서는 결사의 원리가 끊임없이 그리고 교묘하게 이용되지 않는 것처럼 보였다. 영국인들은 큰일을 혼자 하는 때가 많은 데 비해 미국인들은 아주 작은 사업을 위해서도 결사를 구성한다. 영국인들은 결사를 행동의 강력한 수단으로 생각하는 것이 분명한 데 반해 미국인들은 행동을 위한 유일한 수단으로 생각하는 것 같다.

이와 같이 이 지상에서 가장 민주적인 국가인 미국에서 공통의 욕망에 의한 목표를 공동으로 추구하는 기술을 가장 완성된 단계에까지 발전시키고 그리고 이 새로운 과학을 대부분의 목적 추구에 적용시키고 있다. 이것은 우연한 결과인가? 아니면 결사의 원리와 평등의 원리 사이에 실제로 어떤 관련성이 있다는 말인가?

귀족사회에는 언제나 스스로는 무력한 다수의 인간과 권력을 가진 부유한 소수의 인간이 있는데, 이 소수의 인간이 단독으로 큰 사업을 성취할 수 있다. 귀족사회에서는 인간은 이미 강하게 결합되어 있기 때문에 행동하기 위하여 결합할 필요는 없다. 부유하고 힘이 강한 시민은 모두 항구적이고 강제적인 결사의 우두머리를 이루고 있으며, 이러한 결사들은 이런 사람들이 자기들의 계획을 집행하는데 도움이 되는 사람들로 구성되어 있다.

이와는 반대로 민주주의국가에서는 모든 시민 개개인이 독립되어 있으므로 취약하다. 그들은 혼자서는 아무것도 할 수 없고, 다른 사람의 도움을 요구할 수도 없다. 만약 그들이 상부상조하는 법을 자발적으로 배우지 않는다면, 그들은 모두 무력한 존재가 된다. 만약 민주주의국가에서 사는 사람들이 정치적 목적을 위해 결사를 구성할 권리나 의향이 없다면, 그들이 누리는 독립은 큰 위난에 처하게 될 것이다. 일상생활에서 결사를 구성하는 습관을 갖지 못하고 있다면 문명 자체가 위험에 처할 것이다. 개인으로서 단독으로 큰일을 성취할 수 없는 국민은 단결된 노력으로서 그것을 성취할 수 있는 방법을 강구하지 못한다면 곧 야만상태로 전락할 것이다.

불행하게도 민주주의국가에 그토록 필요한 결사를 부여하는 사회상태 바로 그것이 다른 어떤 종류의 국가에서보다도 민주주의국가에서 결사의 구성을 더 어렵게 만든다. 귀족사회에서 몇몇 구성원들이 결사를 구성할 것에 합의한다면, 그들은 쉽게 그렇게 할 수 있다. 큰 힘을 가진 각 개인이 그 결사에 가입하기 때문에 구성원의 수는 대단히 제한된다. 결사 구성원의 수가 제한되어 있기 때문에 그들은 쉽게 잘 아는 사이가 되고 서로를 이해하며 확고한 규약을 확립하게 된다. 이러한 일이 민주주의국가에서는 일어나지 않는다. 민주주의국가에서는 하나의 결사가 어떤 힘을 보유하기 위해서는 그 구성원의 수가 항상 매우 많아야 한다.

우리 프랑스인들 중에는 이러한 어려움 때문에 곤란을 겪는 사람이 없다는 것을 나는 알고 있다. 프랑스들은 시민이 보다 취약해지고 무능해질수록, 정부가 개인이 성취할 수 없는 것을 전체사회가 성취할 수 있도록 보다 유능하고 활동적이 되어야 한다고 생각한다. 그들은 이것으로 전체적인 어려움에 대한 대답이 된다고 믿고 있으나, 내가 생각할 때, 그들은 오해하고 있다.

미국에서 정부는 가장 큰 회사 중의 몇몇의 역할을 수행할는지는 모른다. 미국의 몇몇 주나 구성원들은 이미 그것을 시도해왔다. 그러나 어떠한 정치권력이 결사 원리의 도움으로 미국의 시민들이 매일 수행하는 수많은 사업들을 완수할 수 있겠는가? 인간이 자기 혼자만으로는 가장 공통된 필수품을 만드는 데 점점 더 무력해지는 때가 가까워 오고 있다는 것을 쉽게 예상할 수 있다. 따라서 통치권자의 업무는 끊임없이 증가할 것이고, 그 노력은 매일 그 업무를 더욱 확장시켜 나갈 것이다. 정부가 결사를 대신하면 할수록 개인은 공동체에 기여해야 한다는 생각을 잃어버리고 정부의 원조를 요구할 것이다. 이것은 상호 원인과 결과가 되어 끊임없는 악순환이 이어질 것이다. 국가행정은 마침내 개인이 혼자서는 도저히 수행할 수 없는 모든 산업 경영까지 떠맡을 것인가? 만일 정부가 사기업의 자리를 완전히 강탈한다면, 민주주의국가 국민의 도덕과 지성은 그 상업이나 공업만큼 위기에 처하게 될 것이다.

귀족사회에서 대중의 눈에 아주 잘 띄는 견해나 감정은 모든 주위 사람들의 지성이나 감정에 쉽게 받아들여진다. 민주주의국가에서는 자연히 통치 권력만이 이와 같이 행동할 수 있는 상태에 놓여 있다. 그러나 그러한 행동은 언제나 부적합할 뿐만 아니라 때로는 위험하기까지 하다. 정부가 다수 인간 상호간의 견해와 감정을 활성화하고 새롭게 하는 데 적절하지 못한 것은 정부가 산업 생산에 관한 모든 견해를 다루는데 적절하지 못한 것과 마찬가지이다. 정부가 그 정치적인 영역을 넘어서서 이러한 새로운 길로 접어들려고 시도하게 되면 곧 그것은 비록 고의는 아니라 하더라고 어떠한 지지도 받을 수 없는 독재를 하게 마련이다. 왜냐하면 정부는 엄격한 규정을 지시할 수밖에 없게 되고, 정부가 좋아하는 견해가 강제로 실행되며 그리고 정부가 행하는 권고와 명령 사이에는 구분이 어렵게 되기 때문이다. 만약 정부가 실제로 모든 사상의 교류를 막는 데 힘을 기울인다면 사정은 더욱 악화될 것이다. 그렇게 되면 모든 사람은 침묵 속에서 스스로 움츠러들게 될 것이다. 따라서 정부는 활동의 유일한 근원적인 힘이 되어서는 안 된다. 민주주의국가에서는 결사가 사회의 평등화에 의해 없어진 강력한 개인의 역할을 대행해야 하는 것은 당연한 일이다.

만약 미국 주민 중의 몇 사람이 이 세상에서 내놓고 싶은 어떤 견해나 감정을 품게 되면, 그들은 곧 상호 지원을 위한 방법을 모색하게 된다. 그들이 서로 파트너를 찾아내면 곧 결합하게 된다. 그 순간부터 그들은 고립된 인간이 아니고 멀리서도 볼 수 있는 하나의 세력이 된다. 그들의 행동은 본보기가 되며, 그들이 하는 말은 경청된다. 내가 처음으로 미국에서는 수십만 명이 독한 술을 끊겠다는 것을 공개적으로 맹세했다는 것을 들었을 때, 나에게는 그것이 어떤 진지한 결정이라기보다 하나의 농담으로 들렸다. 그래서 나는 이 절제 있는 시민들이 왜 가정에서 물을 마심으로써 만족해 할 수 없는지를 금방 알지 못했다. 나는 뒷날 이들 수십만 명의 미국인들이 그들 주위의 술 취한 사람들의 행동에 자극받아 금주를 장려할 결심을 하게 되었다는 것을 이해했다. 그들은 사치를 경멸하면서 검소한 차림을 장려하기 위해 소박하게 옷을 입는 고위층 사람과 똑같은 방식으로 행동했다. 만약 이 수십만 명의 사람들이 프랑스에 살았더라면 전국에 걸쳐 있는 선술집을 감시하라고 그들 각자가 정부에 청원했을 것이다.

내 생각으로는 미국에 있는 그 어떤 결사도 지적인 결사와 도덕적인 결사만큼 우리들의 주의를 끌만한 가치가 있는 것은 없다. 물론 미국의 정치 결사와 산업 결사는 쉽게 우리 눈에 띈다. 그러나 그 이외의 결사는 우리 눈에 잘 띄지 않는다. 설사 그러한 결사가 있다는 것을 알게 되더라도 우리가 지금까지 그러한 종류의 결사에 관해 별로 아는 바가 없다. 그러나 미국인들에게는 전자에 못지않게 후자도 꼭 필요하며 때로는 그 이상으로 중요할 경우도 있음을 인정하지 않을 수 없다. 민주주의 국가에서 결사에 관한 학문은 어머니이며, 그 이외의 학문의 발전은 결사에 관한 학문이 이룩해 놓은 발전에 달려 있다.

인간사회를 지배하는 법칙 가운데는 다른 어떤 것보다도 더 엄격하고 투명한 것이 한 가지 있다. 만약 인간이 문명화되고 싶어 하거나 문명상태에 머무르고자 하면, 사회의 평등화가 이루어지는 것과 비례해서 결사구성의 기술이 성장·발전해야 한다.

인간이 견고하고 지속적인 유대에 의해 결합할 수 없게 될 경우, 만약 당신의 도움을 필요로 하는 사람들의 개인적인 이익을 위해 자신들의 노력과 다른 사람의 노력을 자발적으로 합하도록 설득할 수 없다면 많은 사람들의 협력을 기대하기는 불가능하다. 사람들의 자발적인 협조는 신문의 도움을 받는다면 습관적으로 용이하게 수행될 수 있다. 오직 신문만이 같은 생각을 같은 시간에 수천 명의 사람에게 전파할 수 있다. 신문은 굳이 찾지 않아도 되는 조언자이며, 저절로 와서 공공의 복리에 대해 간결하게 알려준다. 그러면서도 개인적인 업무를 방해하지도 않는다.

따라서 인간이 더욱더 평등해지고 개인주의가 더욱더 두려운 상태에 이를수록 신문은 더욱더 필요하게 된다. 만약 신문이 자유를 보호하는데 도움이 될 뿐이라고 생각한다면 그것은 신문의 가치를 제대로 이해하지 못하기 때문이다. 신문이야말로 문명을 유지시키기 때문이다. 물론 민주주의국가에서 신문이 시민들로 하여금 무분별한 계획에 휩쓸려 들도록 하는 일도 종종 있지만 만약 신문이 없다면 시민들의 통일된 행동은 거의 없을 것이다. 그러므로 신문에 의해 해결되는 폐단의 크기는 신문이 초래하는 폐단의 크기보다 훨씬 크다.

신문의 효과는 아주 많은 사람에게 동일한 목적을 제시할 뿐만 아니라 그들이 개별적으로 고안해낸 계획을 공동으로 수행하기 위한 방법을 제공하는 것이다. 귀족국가에 사는 주요 인물들은 멀리서도 서로 식별할 수 있다. 만약 그들이 자신들의 힘을 결집하기를 바라면 많은 사람을 데리고 상대방에게 가면 된다. 이와는 달리 민주주의국가에서는 많은 사람이 결합하기를 바란다 할지라도, 이들은 아주 하찮은 존재로서 군중 가운데 파묻혀 있으므로 서로 알아내기가 어렵거니와 도대체 자기와 결합하기를 바라는 사람을 어디서 찾아야 할지도 모르기 때문에 그 결합은 대단히 힘든 일이 된다. 그런데 신문은 개별적으로 일어난 감정이나 사상을 한데 모은다. 사람들은 즉시 그 방향에 따라 움직인다. 이처럼 오랫동안 어둠 속에서 서로 찾아 헤매던 사람들이 마침내 만나서 결합한다. 신문은 이들을 결합시켰고 또 앞으로도 계속 결합하게 만드는데 필요하다.

민주주의국가에서는 하나의 결사가 강력한 힘을 보유하려면 구성원의 수가 많아야 한다. 그러한 결사의 구성원들은 널리 흩어져서 각자의 생계유지를 위해 끊임없이 노력하기 때문에 자신의 주거지에 얽매여 있는 몸이다. 그렇기 때문에 매일 서로 보지 않고도 대화할 수 있으며, 만나지 않고도 공동보조를 맞출 수 있는 방법을 찾아내야 한다. 이와 같은 상황 아래 민주주의국가에서는 신문을 보유하지 않은 어떠한 결사도 그 유지가 불가능하다.

따라서 공공결사와 신문 사이에는 어떤 필연적인 연관이 있을 수밖에 없다. 즉 신문이 결사를 만들고, 결사가 신문을 만든다. 만약 사회의 평등화가 이루어짐에 따라 결사의 수가 증가함에 틀림없다면, 신문의 수는 그 결사의 수에 비례해서 증가해 왔음이 분명하다. 이렇게 해서 미국은 세계에서 가장 많은 수의 결사와 신문을 보유한 나라가 된 것이다.

신문의 수와 결사의 수 사이의 이러한 정비례 관계는 나아가 정기간행물의 상태와 그 나라의 행정 유형 사이의 관계를 알 수 있게 해준다. 즉 민주주의국가에서 신문의 수는 행정의 중앙집권화 정도에 반비례해서 증감한다. 왜냐하면 민주주의국가에서는 귀족국가에서와는 달리 지방권력의 행사를 그 지방의 중요인물 몇 사람에게 맡길 수는 없기 때문이다. 그러한 권력은 폐지되거나 아주 많은 사람의 손에 맡겨지도록 해야 한다. 바로 이 많은 사람들은 사실상 영토 내 한 부분의 문제를 취급하기 위한 목적으로 법률에 의해 항구적으로 보장되는 어떤 결사를 형성한다. 이들은 사소한 문제에 빠져있는 자신들에게 공적인 문제를 매일 알려줄 한 신문을 필요로 하게 된다. 지방 권력자의 수가 많으면 많을수록 법률에 의해 권한을 부여받은 사람의 수도 더 많아진다. 이러한 요구가 빈번히 일어날수록 신문의 내용도 풍부해진다.

미국에서 신문의 수가 크게 증가하는 것은 그 나라의 거대한 정치적 자유나 언론이 누리는 절대적 자유에 기인하는 것 이상으로 행정권력의 특별한 세분화에도 기인한다. 만약 미국에 거주하는 모든 주민이 입법자를 선출하는 데 그치는 선거권을 가지고 있다면, 그들은 공동으로 행동해야 할 기회가 매우 중요하지만 매우 드물기 때문에 불과 몇 개의 신문만 필요로 할 것이다. 그러나 거대한 국가기구 안에 작은 결사들이 각 지역마다 각 시마다 그리고 심지어는 각 마을마다 지방행정을 위해 법률에 의해 설립되어 있다. 이와 같이 미국의 법률들은 모든 국민들로 하여금 그들의 일상생활에서 공동의 목적을 위해 동료시민과 협력하도록 요구하고 있다. 국민 각자도 다른 사람들이 무엇을 하고 있는지를 그들에게 알려줄 신문을 필요로 한다.

어떤 전국적인 대표기관은 없지만 많은 수의 지방행정 권력기구를 가지고 있는 민주 국가의 국민은 결국 중앙집권적인 정부와 선거로 구성된 입법부에 의해 통치되는 국가보다도 더 많은 신문을 갖게 될 것이다. 프랑스와 영국 사람들은 신문에 부과되는 세금을 면제한다면 신문발행 부수가 무한정으로 증가할 것이라는 생각을 일반적으로 가지고 있다. 이것은 그러한 세금면제 조치의 효과에 대한 너무 지나친 평가이다. 신문의 수는 가격 인하에 따라 그리고 많은 사람들이 상호교류와 결합을 원하는 정도에 따라 증감될 것이다.

마찬가지로 나는 일간신문의 영향 증대를 보통 설명되는 원인과 다른 보다 일반적인 원인 때문이라고 생각한다. 신문은 많은 사람이 공통적으로 느끼는 감정이나 원리를 보도함으로써만 오래 존속할 수 있다. 그래서 신문은 일상적인 독자로 구성되는 결사를 언제나 대표한다. 이러한 결사는 어느 정도 한정되거나 다소 편협할 수 있다. 그렇지만 그러한 결사의 수는 상당할 것이다. 신문이 살아 있다고 하는 것은 적어도 이러한 결사의 싹이 독자들의 마음속에 자리 잡고 있다는 증거이다.

결국 인간은 사회적 조건이 보다 더 평등해지고 개인적으로 더욱더 무력해질수록 대중의 추세에 쉽게 굴복하게 되고 대중이 취하지 않는 견해를 혼자 고집하기가 더욱 어렵게 된다. 신문은 결사를 대표한다. 신문은 항상 독자 개개인에게 다른 모든 사람의 이름을 빌려 의견을 말하게 되고, 개개인이 무력하면 무력할수록 영향력을 행사한다고 말할 수 있을 것이다. 따라서 언론으로서 신문의 힘은 인간들이 보다 더 평등해질수록 더욱 커질 것이 분명하다.

4. 민간결사와 정치결사의 관계

정치 목적을 위한 결사의 자유를 무제한으로 누리는 나라는 이 지구상에 오직 미국 한 나라뿐이다. 동시에 이 나라는 결사권의 행사가 시민들의 생활 속에도 계속해서 보장되어 있고, 문명에 의해서 획득할 수 있는 모든 이점을 바로 결사권을 통해 확보하는 유일한 나라이다.

정치결사가 금지되어 있는 나라에는 동시에 민간결사도 드물다. 이것은 우연한 일로 볼 수 없다. 이 두 종류의 결사 사이에는 필연적인 관계가 있다는 추정이 가능할 것이다. 어떤 사람은 특정한 관심사에 대해 다른 사람과 공통의 이해관계를 가질 수 있다. 상업상의 일이나 제조업 분야 투자도 그 관심사가 될 수 있다. 그들은 정도의 차이는 있겠지만 만나 결합하여 자연스레 결사를 형성하게 된다. 인간은 작은 일을 처리해본 경험이 많을수록 큰일을 함께 해결할 보다 큰 능력을 얻게 된다.

그러므로 민간결사 덕분에 정치결사의 형성이 더욱 쉬워진다. 동시에 정치결사는 특별히 민간결사를 강화·발전시킨다. 시민생활 영역에서는 모든 사람이 자신의 욕구를 스스로 충족하는 것이 가능할 것이다. 그렇지만 정치에서는 그러한 일은 상상조차 할 수 없다. 그런데 사회의 모든 구성원은 공공생활에 대해 알게 되면 다른 사람들과 연합하고자 하는 욕망을 매일 품게 된다. 어떠한 자연발생적인 반감이 그들의 공동 행동을 방해할지라도, 그들은 어떤 당파를 위해 결합할 준비가 항상 되어 있을 것이다. 이와 같이 정치생활은 결사에 대해 호감을 품게 하고 그 실천을 보다 일반화시킨다. 즉 정치생활 속에서 사람들은 단결의 욕망을 자연스레 가지게 되는 동시에 단결방법을 배우게 된다.

정치는 다양한 결사를 생겨나게 할 뿐만 아니라 대규모 결사를 태동시킨다. 민간생활에서는 어느 하나의 관심이 아주 많은 사람들의 공동행위를 가져오는 일이 드물다. 또 그러한 관심이 실현되게 하는 데는 많은 기술이 요구된다. 그러나 정치에서는 그러한 관심을 실현할 기회가 매일 나타난다. 그런데 결사원리의 일반적 가치는 오직 큰 결사에서만 드러난다. 개인적으로 무력한 시민들은 그들의 단결을 통해 얻을 수 있는 큰 힘을 아주 분명하게 기대하지는 않는다. 공중의 목적을 위해서는 소수의 사람을 끌어 모으기보다 다수의 대중을 끌어 모으기가 더 쉬운 때가 가끔 있다. 1천 명의 시민은 자신들의 단결을 통해 어떤 이익을 얻게 되는지를 잘 알지 못한다. 그러나 만 명의 시민은 그것을 완전히 알게 될 것이다. 정치에 있어서 사람들은 커다란 사업을 이룩하기 위해서 결합한다. 그들이 중요한 문제들에서 결사의 원칙을 활용해봄으로써 중요성이 덜한 문제들에서도 서로 돕는 것이 자신들에게 이득이 된다는 것을 실제적으로 배우게 된다. 정치결사는 동시에 많은 개인을 공적인 영역으로 이끌어낸다. 그들이 아무리 지성이나 재산의 차이로 말미암아 분열되어 있다고 할지라도, 정치결사는 그들을 가깝게 만들어 접촉을 갖게 한다. 한번 만나면 반드시 또 만날 수 있다.

인간은 민간결사에 가담하기 위해서는 자신의 소유의 일부를 잃게 될 위험을 감수해야만 한다. 이것은 모든 제조업 및 교역 회사의 경우에도 마찬가지로 적용된다. 인간이 아직 단결의 기술에 별로 익숙하지 못할 때 단지 그 주요 원리에 대해서만 알고서 그 원리에 따라 처음으로 단결하게 될 때는 그들은 너무 값비싼 비용을 치르게 될까봐 두려워한다. 그러나 사람들은 정치결사에 가담할 경우 돈을 손해볼 위험이 없다고 판단하기 때문에 머뭇거리는 일이 별로 없이 거기에 가담한다. 그러나 어느 기간 이 정치결사에 소속해 있게 되면 그들은 반드시 그 많은 사람 가운데 질서가 어떻게 해서 유지되며, 또 어떠한 방법으로 그 결사들이 동일한 목적을 위해 조화롭게 기술적으로 발전해 가는지를 반드시 알게 된다. 그래서 정치결사는 그 지역사회의 모든 구성원들이 결사의 일반원리이론을 배우는 일종의 커다란 개방학교다.

사회구성원이 모든 목적을 위해 단결하는 것이 허용되고 또 그렇게 하는 데 익숙해질 때, 그들은 보다 중요한 목적을 위해서 단결하는 것만큼 작은 목적을 위해서도 쉽게 단결할 수 있을 것이다. 그러나 만약 그들에게 오직 작은 일을 위해서만 단결하는 것이 허용된다면, 그들은 그것을 완수할 의향도 생기지 않거니와 능력도 없을 것이다. 또한 금지된 결사를 억누르는 헛된 노력에 힘을 다 쏟고 난 뒤에 장려하는 결사를 결성하도록 설득해 봤자 소용없다는 것을 알고 놀라게 될 것이다.

나는 정치적 결사가 금지된 나라에는 어떠한 민간결사도 존재할 수 없다고 말하는 것은 아니다. 왜냐하면 인간은 어떤 종류이건 공동의 사업에 참여하지 않고는 사회생활을 할 수 없기 때문이다. 그러나 그런 나라에서는 민간결사가 수적으로 적을 것이며, 그 계획도 분명하지 않고, 그 운영도 서투를 것이다. 또한 그들은 어떤 큰 계획을 세우지 못할뿐더러 큰 계획을 이행하지도 못할 것이다.

따라서 정치문제에 있어서 결사의 자유는 생각만큼 공중의 안전에 위험스럽지 않으며 얼마동안 사회를 소란스럽게 한 후에는 결국 국가를 더욱 강화시킨다. 민주국가에서 정치결사는 말하자면 국가통치권을 장악하려는 유일한 세력이다. 따라서 오늘날의 정부는 중세의 군주가 봉건제후를 적대시한 것처럼 이러한 정치결사를 적대시하는 것 같다. 즉 정부와 정치결사는 본능적으로 서로 싫어하며 어떠한 경우에나 적대관계에 있다. 이와는 반대로 정부는 민간결사에 대해서는 처음부터 호감을 가진다. 왜냐하면 민간결사는 국민들로 하여금 공공업무에는 관심을 갖지 않게 하며 사회의 안정이 없이는 성취될 수 없는 목표를 추구하게 함으로써 혁명을 꺼리게 만들기 때문이다. 그러나 정부는 정치결사가 민간결사의 확대를 촉진하여 그 수를 놀라울 정도로 늘리는 경향이 있다는 사실을 염두에 두지 않는다.

미국인들이 자유로이 그리고 끊임없이 어떤 정치 원리를 발전시킨다든가, 어느 한 사람을 최고지도자로 추대한다든가 혹은 다른 사람에게서 권력을 빼앗는다든가 하기 위해서 결사를 구성하는 것을 보게 되면, 그토록 독립적인 사람들이 어떻게 해서 자유를 끊임없이 남용하지 않게 되는지를 이해하는 데 상당한 어려움을 겪게 될 것이다. 정치결사에서 사회적 조건이나 연령에 관계없이 모든 미국인들은 날마다 결사에 대한 전반적인 관심을 증대시키고 있으며, 또 결사를 활용하는 데 익숙해져 간다. 그들은 그러한 결사에서 대거 만나 서로 대화하면서 상대방을 경청하기도 하며 그리고 모든 종류의 사업을 위해 상호 자극을 주고받게 된다. 그들은 이와 같이 해서 얻은 관념들을 뒷날 시민생활에 응용해서 수천 가지의 목적에 활용한다. 이와 같이 위험스러운 자유를 향유함으로써 미국인들은 자유에서 오는 위험을 감소시키는 기술을 배운다.

국가운영 중 어느 한 순간만을 한정해서 본다면, 정치결사는 국가를 혼란하게 하고 생산 활동을 저해하는 것이 분명하다. 그러나 국민의 전반적인 생활을 두고 볼 때는 정치결사의 자유야말로 그 사회의 발전과 안정에 도움이 된다는 것이 쉽게 증명될 것이다.

"정치결사에 대한 무제한적인 자유가 언론의 자유와 동일한 수준으로 보장될 수는 없다. 전자는 후자보다 덜 필요할 뿐만 아니라 더 위험하다. 어떤 국가는 일정한 한계 내에서 정치결사를 지속적으로 통제한다. 그리고 국가 자체의 권위를 유지하기 위해서도 때로는 그렇게 할 필요가 있다." "정치목적의 결사에 대한 무제한의 자유는 국민이 누릴 수 있는 최후의 자유이다. 그것이 무정부상태를 초래하지는 않는다 할지라도 항상 그럴 가능성을 지니고 있다"는 것을 덧붙였다. 이와 같이 나는 어떤 국가라도 그 시민에게 정치목적의 결사에 대한 절대적인 권리를 부여할 수 있을 만큼 항상 여유로운 상태에 있지는 않다고 생각한다. 나는 어떤 나라에서건 또 어느 시대에서건 결사의 자유를 무제한 인정하는 것이 현명한가 하는 것에 대해서는 확신이 서지 않는다. 어떤 나라에서는 만약 결사의 권리가 상당히 제한되지 않는다면 사회의 안정이 유지될 수 없고, 법률의 권위도 존중되지 않으며 정부의 존속도 불가능할 것이라고 한다.

그래서 나는 어떤 국가라도 벌률이나 정부의 존속을 유지하기 위하여 일시적으로 결사를 제한하는 조치를 엄격하게 강구할 것이라고 생각한다. 그러나 국가는 그러한 제한조치를 위해서는 어떤 대가가 지불되어야 하는지를 잘 알아야 한다. 인간의 생명을 구하기 위하여 팔을 잘라내는 것은 있을 수 있는 일다. 그러나 그가 팔을 잃고 나서도 그 전과 마찬가지로 활동할 수 있다고 주장하는 것은 어리석은 일이 될 것이다.

5. 이기주의 원리에 대한 올바른 이해

이 세상이 소수의 부유하고 힘센 사람들에 의해 좌우될 때 그들은 인간의 의무에 대해 숭고한 이념을 부여하기를 좋아했다. 그들은 사심을 버리는 것이야말로 칭송할 가치가 있는 일이고, 동시에 선(善)은 그것 자체가 신의 뜻이므로 사심 없이 이를 행해야 한다고 말하기를 좋아했다. 이런 것들이 그 시대 도덕의 공식적 원리였다.

인간이 다른 어떤 시대에 있어서 보다 귀족시대에 더욱 덕성스러워지는가 하는 것에 대해 나는 의심한다. 그러나 귀족시대의 사람들은 끊임없이 덕성의 아름다움에 대해 말하고 있었고, 그리고 그 효용성은 그저 비밀리에 연구되었다. 그러나 인간의 상상력이 귀족 이하의 사람들에 기울여지게 된 이후, 모든 관심은 자기 자신에게 집중되고 그들은 더 이상 자기희생을 인간에게 요구하지 않게 된다. 그들은 사회구성원 개개인의 이익이 전체를 위해 기여하고 있는지를 조사하게 된다. 그들은 만약 개인의 이익과 공중의 이익이 서로 일치하는 것이 가능함을 알게되면 그러한 일치를 위해 커다란 노력을 기울이게 된다. 단순한 비평에 지나지 않던 것이 일반원리가 되며, 동료를 섬기는 것이 자기 자신을 섬기는 것이 된다는 것과 자기의 개인적 이익이 곧 일반적인 선이 된다는 것이 진리로 간주된다.

미국 시민들은 어떠한 방법으로든 거의 언제나 자기 자신의 이익과 동료시민의 이익을 결부시킨다. 여기서는 그들로 하여금 그렇게 하도록 도와주는 일반적인 규범을 밝히고자 한다. 미국에서는 어느 누구도 덕성의 아름다움에 대해 말하지 않는다. 그러나 덕성이 유용한 것임을 지지하고 또 그것을 매일 증명한다. 미국의 윤리학자들은 인간이 동료를 위해 자기를 희생하는 것이 고상한 일이기 때문에 그러한 희생을 해야 한다고 말하지는 않는다. 그런 희생은 그 상대방 동료에게 좋은 일인 것만큼 자기 자신에게도 필요한 일이 된다고 말한다.

미국의 윤리학자들은 자기 나라에서 자기 시대에 인간이 불가항력에 의해 자기 자신에게 몰두한다고 생각했다. 그들은 모든 인간이 자기자신의 이익에 따라 행동하는 것이 당연함을 인정한다. 그러나 그들은 인간이 정직해진다면 각 개인은 이익을 얻게 될 것임을 증명하려고 노력한다. 나는 여기서 그들이 주장하는 그 이유를 상세히 언급하고 싶지 않다. 단지 그들이 동료 국민들을 확신시켰다는 것을 말해 둘 뿐이다.

몽테뉴[25]가 일찍이 "정직 자체를 위해 정직한 길을 걷지는 않는다 할지라도, 그 길이 일반적으로 가장 행복하고 유익한 길이란 것을 경험을 통해 알았기 때문에 나는 그 길을 걸어야 한다."라고 말했다. 물론 이기심의 원리는 새로운 것이 아니다. 그러나 오늘날 미국인들은 그것을 전반적으로 수용하고 있는 것이다. 즉 미국에서는 이기심의 원리가 대중의 지지를 얻어 왔다. 그들의 모든 말과 모든 행동의 밑바닥에 그러한 이기심의 원리가 깔려 있음을 알게 된다. 그러한 논리는 부자는 물론 가난한 사람에 의해서도 주장되는 때가 가끔 있다. 유럽에서는 미국에서

보다 이기주의의 원리가 훨씬 심하게 작용한다. 그러나 동시에 덜 확산되고 덜 드러났을 뿐이다. 유럽인들은 사실상 그렇지도 못하면서 계속해서 전혀 이기적이지 않은 체한다. 이와는 달리 미국인들은 자신들의 모든 행동을 적절한 이기주의 원리에 의해 설명하기를 좋아한다. 그들의 현명한 자기사랑이 어떻게 해서 그들을 상부상조하게 하며 그리고 그들이 국가의 복지를 위해 개인의 시간과 재산을 기꺼이 할애하게 하는지를 자신있게 보여준다.

25 몽테뉴(Michel Eyquem de Montaigne, 1533~1592)는 사상가로서 프랑스의 르네상스기(期)를 대표하는 철학자·문학자이며 《수상록》의 저자이다. 자기의 체험과 독서생활을 근거로, 있는 그대로의 인간, 변천하는 대로의 인간을 그렸다. 자연에 대하여 단순히 몸을 맡기는 데에 인생의 지혜를 추구하였다.

물론 이기심이란 고상한 원리가 아니라 분명하고 확실한 원리이다. 그것은 거창한 목표를 추구하지 않는 대신에, 그것이 겨냥하는 모든 것을 큰 힘을 들이지 않고 달성한다. 그것은 누구나 할 수 있는 일이기 때문에 모든 사람이 아무런 어려움 없이 그것을 이해하고 활용할 수 있다. 그것은 놀랄 만큼 인간의 약점과 일치하므로, 쉽게 많은 사람들에게 받아들여진다.

합당한 이기주의 원리는 엄청난 자기헌신을 불러일으키지는 않지만, 매일 조그만 자기희생을 유도한다. 그것만으로 인간이 덕성스럽게 될 수는 없다. 그러나 그것을 통해 많은 사람들이 규칙을 지키고 극기·자제·예견·자기통제를 달성한다. 설사 그것이 인간으로 하여금 자발적으로 덕성을 행하게 하지 못한다 할지라도 습관적으로 점점 그 방향으로 나아가게 한다. 만약 합당한 이기주의의 원리가 전체 도덕세계를 지배한다면, 특별한 선행은 아주 드물어 질것이 틀림없다. 이와 더불어 부패행위 또한 줄어들 것으로 생각된다. 내 생각으로는 합당한 이기주의 원리는 우리 시대에 살고 있는 사람의 요구에 가장 적합한 철학이론인 것 같다. 따라서 오늘날의 윤리학자들은 이기주의 원리를 어떻게 올바로 이해할지에 대해 연구해야 할 것이다. 설사 그들이 그 원리를 불완전한 것으로 여길지라도 그것을 여전히 필요한 것으로 받아들여야 할 것이다.

나는 미국인보다 우리 프랑스인에게 이기심이 더 많다고 생각하지는 않는다. 단지 그 차이는 미국에서는 이기심의 원리가 밝혀져 있으나 우리 프랑스에서는 그것이 드러나지 않고 있다는 점이다. 개개의 미국인은 언제 다른 사람을 위해 자신의 이익의 일부를 희생해야 할 것인지를 알고 있다.

지구상의 어떠한 힘으로도 사회의 모든 구성원이 자기 자신에게 집착하는 것을 막을 수 없다. 따라서 개인의 이익은 그것이 설사 인간행동의 유일한 원인은 아니라 할지라도 다른 어떤 것보다 중요한 원인이 되는 것을 예상해야 한다. 그래도 각 개인이 자기의 개인적인 이익을 어떻게 이해하는가 하는 문제가 남는다. 만약 사회구성원이 보다 평등해짐에 따라 더욱 무지해지고 거칠어진다면, 이기주의가 그들을 어떤 어리석은 행위로 유도하게 될는지 예견하기가 어렵다. 다른 사람을 위해 자기 자신을 조금도 희생하지 않으려 하다가 어떤 치욕과 불행을 당하게 될지를 아무도 미리 말할 수 없다.

나로서는 미국에서 공언되고 있는 것처럼 이기주의의 논리가 그 모든 부문에서 자명하다고 생각하지 않는다. 만약 그들이 교육을 받는다면, 이기주의 논리의 본질을 깨닫게 될 것이다. 어쨌든 교육이 중요하다. 왜냐하면 맹목적인 헌신과 본능적인 덕성의 시대는 이미 우리로부터 멀어지고 자유나 공공안녕 및 사회질서 자체가 교육이 없이는 존재할 수 없는 시대가 급속히 도래하고 있기 때문이다.

제7장

공익 중시 경향

1. 법률의 공익 추구 경향
2. 공공정신 옹호
3. 권리의 개념
4. 준법정신
5. 정치기구 전반에서의 공익 추구 활동

제7장

공익 중시 경향

1. 법률의 공익 추구 경향

민주주의 정부의 결함과 취약점은 쉽사리 드러난다. 이것은 명백한 사실에 의해서 증명될 수 있다. 반면에 민주주의정부는 겉으로 드러나지 않게 은밀한 방식으로 건전한 영향력을 미친다. 민주주의의 결함을 찾아내는 데는 한번 휘둘러보는 것으로 족하지만 그 훌륭한 특질은 오랫동안 살펴보아야만 식별할 수 있다. 미국의 법률들은 결함투성이고 불완전한 경우가 허다하다. 법률들은 때로는 기존의 권리들을 침해하거나 사회에 위협이 되는 다른 권리들을 인정하기도 한다. 그런 일이 좋은 것이라고 해도 자주 일어날 경우는 그 폐단이 초래될 것이다. 그런데도 미국이 계속 번성하는 것은 무슨 까닭인가?

민주주의 체제 하의 법률은 일반적으로 주권자인 시민들 중 다수에게서 비롯된 것이기 때문에 최대 다수의 복지증진을 목표로 한다. 그들 다수는 잘못을 저지를 수 있지만 자기들의 이해관계가 자신들에게 배치되게 만들지 않는다. 그와는 반대로 귀족정치 하의 법률은 소수 귀족의 수중에 부와 권력을 집중시키는 경향이 있다. 그 이유는 귀족정이 본질상 소수에 의해 통치되기 때문이다. 따라서 민주정치에서 입법의 목적은 귀족정치에서보다는 인간에게 더 유용하다는 사실을 일반적으로 주장할 수 있다. 그러나 이런 사실은 그 이점을 전체적으로 말할 때 타당한 것이다.

이제 어느 사회가 나쁜 법률들의 과도적인 영향을 감내하고 그 법제가 지닌 전반적으로 좋은 경향이 나타날 때까지 기다릴 수 있을 만큼 구조적으로 조직되어 있다고 상상해본다. 우리는 민주정부가 결함이 많음에도 불구하고 그런 사회를 형성하는데 얼마나 적합한지를 알 수 있을 것이다. 바로 이런 상황이 미국에서 전개되고 있다. 미국인의 최대의 이점은 잘못을 저질러도 차후에 시정할 수 있다는 점에 있다는 것이다.

관리들에 대해서도 그와 비슷한 관찰을 할 수 있다. 미국의 민주주의가 권력을 맡을 사람들을 잘못 선택하는 일이 흔하다는 사실을 쉽게 알 수 있다. 그러나 그들의 통치 아래서 그 나라가 왜 번영을 누리는지 말하기는 어렵다. 우선, 민주주의국가에서는 통치자들이 다른 체제에서보다 덜 정직하고 능력을 덜 갖춘 데 비해 피치자들은 훨씬 더 나은 식견을 갖추고 있을 뿐만 아니라 보다 주도면밀하다는 사실을 언급해야 한다. 민주정치 아래 있는 국민들은 자신들의 일에 언제나 주의를 게을리하지 않고 또한 자신들의 권리를 지키기에 열심이기 때문에 그 대표들이 국민의 이익에 부합하는 전반적인 행동노선을 포기하지 못하게 만든다. 둘째, 민주정치 하의 관리가 권력을 오용하는 경향이 있다고는 해도 그 관리는 한정된 짧은 기간 동안만 권력을 가지고 있다는 점을 기억해야 한다. 그러나 이상의 두 가지 이유보다도 훨씬 일반적이고 중요한 또 다른 이유가 있다. 국민이 재능과 덕성을 겸비한 사람들의 통치를 받는 것은 국민의 복지에 아주 중요하다는 것은 의심할 바 없지만, 이 통치자들의 이익이 사회 전체의 이익과 배치되지 않아야 한다는 점은 국민들에게는 아마 훨씬 중요할 것이다. 만약 그들의 이익과 국민의 이익이 배치되는 경우, 그들의 덕성은 거의 쓸모없을 것이고 그들의 재능도 나쁜 쪽으로 악용될 것이기 때문이다. 집권자들의 이익이 사회 전체와 다르거나 배치되지 않는 것이 중요하다고 말했지만 집권자들이 전체 국민과 똑같은 이익을 가져야 한다는 것을 주장하는 것은 아니다. 그 이유는 양자의 이익이 이때까지 어느 나라에서 얼마나 부합했는지를 모르기 때문이다.

사회를 구성하는 모든 계급들의 번영과 발전에 똑같이 유익한 정치형태는 이때까지 발견된 적이 없다. 어느 한 계급의 수중에 다른 계급들의 운명을 전적으로 맡기는 일은 어떤 한 국민에게 다른 국민의 운명을 맡기는 일이나 마찬가지로 더없이 위험한 일이라는 것을 경험을 통해 알 수 있다. 부유한 자들만이 통치할 경우 가난한 사람들의 이익이 항상 위협을 받는다. 이에 비해 가난한 자들이 법률을 만들 경우에는 부유한 사람들의 이익이 매우 심각한 위험에 처한다. 따라서 사람들이 언급하는 바와 같이 민주주의의 이점은 모든 국민의 번영을 촉진하는데 있는 것이 아니고 단지 최대 다수의 이익을 추구하는 데 있을 따름이다.

미국에서 공무를 위임받는 사람들은 귀족정에서 집권하는 사람들보다 능력과 도덕성에 있어서 뒤떨어지는 경우가 흔하다. 그러나 그들의 이익은 동료 시민 다수의 이익과 일치하거나 겹친다. 그들은 신의를 저버리거나 실수를 저지르는 일이 흔할지 모르지만 조직적으로 다수에 적대적인 행동노선을 결코 택하지 않을 것이다. 민주정치에 있어서의 관리의 실정은 그가 속한 행정부에 주어진 짧은 기간 재임 동안에만 그치는 고립된 사실이다. 부패와 무능은 인간들을 서로 항구적으로 맺어놓을 수 있는 공통의 이익으로 작용하지 않는다. 부패하고 무능한 관리는 다른 관리가 자신이나 마찬가지로 무능하고 부패했다는 이유만으로 시책을 펴나감에 있어서 그와 연계를 맺지 않을 것이다. 이들 두 관리는 자기 후손들의 부패와 무능을 증진시키기 위해서 힘을 모으지는 않을 것이다. 그와는 반대로 어느 한 사람의 야심과 책략은 다른 사람의 야심과 책략을 드러내는 데 기여할 것이다. 민주주의국가에 있어서 어느 관리의 악폐는 보통 전적으로 개인적인 것으로 그친다.

그러나 귀족정 아래서 관리들은 자기 계급의 이익에 따라 움직인다. 귀족의 이익은 때로는 다수의 이익과 혼동되는 경우도 있지만 대부분의 경우 다수의 이익과는 구별된다. 이와 같은 이익이 그들 귀족들을 결합시켜주는 항구적인 공동유대를 형성한다. 이런 이익 때문에 그들은 반드시 최대다수의 행복이라고 볼 수 없는 목적을 달성하기 위해서 힘을 한데 모으는 것이다. 그런 이익은 공직자들 상호간을 연결시키는 데 기여할 뿐 아니라 상당수의 일반 시민들을 그들과 결합시키는 데도 기여한다. 그 이유는 시민들 상당수가 관직을 가지고 있지 않을 지라도 귀족계급에 속하기 때문이다. 따라서 귀족정의 관리는 자신이 일원이 되고 있는 정부뿐 아니라 사회 일부인 귀족층의 지지를 언제나 받고 있다.

영국의 귀족은 아마 인류 역사상 가장 자유스런 귀족일 것이다. 그처럼 고상하고 식견을 갖춘 인물들을 그 나라 정부에 끊임없이 제공한 인간집단도 이때까지 없었다. 그러나 영국의 입법과정에서 가난한 사람들의 이익이 부자들의 이익을 위해서 또한 다수의 권리가 소수의 특권을 위해서 희생되는 일이 흔했다는 사실도 쉽게 알 수 있다. 결과적으로 오늘날 영국은 그 사회의 품속에 선악의 극단적인 양상을 함께 품고 있는 것이다.

관리들이 계급 이익을 전혀 가지고 있지 않은 미국에서는 공무를 수행하는 개인들은 흔히 능숙하지 못하고 때로는 무능하지만 전반적으로 끊임없이 행사되는 정부의 영향력은 유익한 것이다. 민주제도 속에 존재하는 어떤 은밀한 경향은 악폐와 실수를 저지르는 시민들의 노력조차도 사회의 번영에 기여하게 만든다. 반면에 귀족정에는 통치하는 사람들이 재능과 덕성을 가지고 있다고 해도 동포들의 불행을 조장하게 만드는 어떤 은밀한 편향이 있다. 귀족정에서 관리들은 의도하지 않았는데도 해로운 짓을 하는 경우가 흔하지만, 민주정치에서 관리들은 생각지도 않았는데 좋은 결과를 초래하는 것이다.

2. 공공정신 옹호

어디에나 한 가지 종류의 애국심이 있는데 그것은 인간의 애정을 그의 출생지와 결부시키는 본능적이고 사심이 없는 공공정신에서 주로 나온다. 이와 같은 자연적인 애착심은 옛날부터 내려온 관습을 지향하는 취향이나 조상에 대한 존중, 과거에 대한 기억과 결부되어 있다. 자기 출생지를 사랑하는 사람들은 마치 조상에게서 물려받은 저택을 사랑하듯이 자기 고장을 사랑한다. 그들은 자기 고장이 베풀어주는 평안함을 사랑하며 그곳에 안겨 그들이 누렸던 평화스런 습관에 집착한다. 그들은 그곳이 일깨워주는 회상에 집착하고, 거기에서 맹종의 상태로 살지라도 즐거움을 누린다. 이와 같은 애국심은 때로는 종교적 열정으로 고양되어 놀라운 일을 하게 된다. 그것은 그 자체로서 일종의 종교이다. 그것은 이치를 따지는 대신 단순히 믿고, 느끼고 행동하는 것이다. 어떤 나라에서는 열광적인 애국심이 열광스런 충성심으로 변해서 국민들은 심정적으로 국왕의 승리를 자랑스럽게 여기고 군주의 권력을 영광스럽게 여긴다. 고대 왕국 시대에 프랑스인들이 자기들 국왕의 전횡을 느끼면서도 그 전횡에 대해 일종의 만족감을 느꼈던 시기도 있었다. 더욱이 그들은 "우리는 이 세상에서 가장 강력한 왕 아래서 살고 있다"고 자랑스레 말하곤 했다.

그러나 모든 경솔한 감정들과 마찬가지로 그런 애국심은 국민들의 지속적인 노력을 이끌어내기보다는 오히려 단지 일시적으로 그들의 엄청난 노력을 불러일으킨다. 애국심은 위기 시에 국가를 구할지는 모르지만 평화 시에는 국가를 쇠망하게 하는 일도 흔하다. 한 국민의 생활태도가 검소하고 그 신념이 흔들리지 않는 동안 그리고 사회가 정통성에 대한 도전을 한 번도 받아본 일이 없는 전통적 제도에 유연하게 의존하고 있는 동안에는 그러한 본능적인 애국심이 지속되곤 한다.

그러나 내가 위에서 말한 것보다는 이성적인 또 다른 종류의 향토애가 있다. 이 향토애는 아마 먼저 것보다는 덜 관대하고 덜 열정적일지 모르지만 더 큰 성과를 거두고 더욱 지속적이다. 그것은 지식에서 우러나오며 법의 도움으로 발전한다. 그것은 민권의 행사와 더불어 성장하고 종국적으로는 시민의 개인 이익과 결부되는 것이다. 사람은 국가의 복리가 자기 개인의 복리에 미치는 영향을 잘 안다. 그는 자신이 그 복리를 만들어내도록 법률이 허용해주는 것을 안다. 그는 우선 자신에게 나아가 자신의 과업에 유익한 것에 관심을 가지듯이 자신의 조국의 번영에 흥미를 가진다.

사람들은 자신들의 눈앞에서 서둘러 개인의 이익을 국가의 이익에 결부시켜야 하는 것이다. 그 이유는 사심 없는 애국심이 지배하던 시기는 뒤돌아오지 않고 지나가버렸기 때문이다. 그렇다고 그런 결과를 얻기 위해서 정치적 권리의 행사를 즉각적으로 모든 사람들에게 허용해야 한다고 주장하는 것은 결코 아니다. 그러나 사람들로 하여금 자기 나라의 운명에 관심을 가지게 만드는 가장 강력한 방법, 우리에게 남아있는 아마 유일한 방법은 그들로 하여금 정부에 참여하게 하는 것이다. 오늘날 시민 정신은 정치적 권리의 행사와는 뗄 수 없는 것으로 보인다. 따라서 유럽에서는 정치적 권리의 확대에 비례하여 시민 정신을 갖춘 국민들의 수가 늘기도 하고 줄기도 할 것이다.

현재 살고 있는 땅에 이민들이 이주해온 지도 얼마 되지 않고 또한 관습이나 전통도 가져 오지 않았는데 어째서 미국에서 그런 유익한 일이 벌어지고 있는가? 서로 전에는 전혀 모르다가 처음으로 만났고, 본능적인 조국애가 거의 존재할 수 없는 곳에서 만났지만 모든 사람이 마치 자기 일인 것처럼 타운, 카운티, 주 전체의 일에 그렇게나 열정적인 관심을 가지게 되는 것은 무슨 까닭인가? 그 이유는 누구든지 자기 분야에서 사회를 꾸려나가는 일에 적극적으로 참여하기 때문이다.

미국의 하층계급은 국가 전체의 번영이 자신들의 복리에 크게 기여한다는 점을 잘 알고 있다. 이런 관찰은 간단한 것 같지만 하층민이 그런 관찰을 하는 일은 별로 없다. 더욱이 하층민은 이런 번영이 자기 자신들이 노력한 결과라고 생각하는 데 익숙하다. 그들은 공공재산에 대해 자신들이 기여했음을 확신한다. 그들은 의무감이나 자괴심 때문만이 아니라 감히 말하자면 물욕 때문에도 국가의 번영을 위해서 노력하는 것이다.

이런 주장의 진실 여부를 알기 위해서 미국인들의 제도와 역사를 고찰할 필요는 없다. 그 이유는 그들의 생활태도에서 그것이 분명히 드러나기 때문이다. 미국인은 자기 나라 안에서 일어나는 모든 일에 참여하기 때문에 자기 나라의 비난받을 것은 무엇이든지 옹호할 의무가 자신에게 있다고 생각한다. 비난받는 것은 자기 나라일 뿐만 아니라 자기 자신이기도 하기 때문이다. 결과적으로 그는 국가적 자존심을 위해 모든 책략을 동원하고 갖가지 개인적인 허영심에 근거한 유치한 짓도 서슴지 않는 것이다. 이는 미국이 번영하게 되는 중요한 요인의 하나가 되는 것이다.

3. 권리의 개념

덕성(vertue)에 대한 일반적인 개념 다음으로 권리(droit)개념보다 더 고상한 원칙은 없다고 생각한다. 오히려 이들 두 가지 개념은 하나로 통합되어 있다. 권리의 개념은 정치세계에 도입된 도덕개념에 지나지 않는다. 인간들로 하여금 무정부상태와 폭정을 정의할 수 있게 해준 것도, 거만하지 않은 채 독자성을 유지하고 비굴하지 않은 채 복종하는 방법을 가르쳐준 것도 권리의 개념이다. 오늘날 권리의 개념을 분명히 깨닫게 만들어주기 위한 우리의 유일한 방법은 모든 사람들이 몇몇 권리를 평화롭게 행사하게 만들어주는 것이라는 생각이 든다. 이런 사실은 어린아이들에게 분명히 드러난다. 어린이는 자신을 둘러싸고 있는 사물들 가운데서 움직이기 시작할 때 자기 손이 닿을 수 있는 모든 사물을 스스로 이용하려고 본능적으로 움직이게 된다. 그에게는 다른 사람들의 재산에 대한 개념이 없다. 그러나 점차 사물의 가치를 배우고 자기의 것도 남에게 빼앗길 수 있다는 점을 깨닫기 시작함에 따라 그는 좀 더 신중해진다. 결국 자신이 가지고 있는 권리를 존중받기를 바라는 것만큼 다른 사람들이 가지고 있는 권리도 존중하기에 이른다. 단연코 민주주의 국가인 미국에서는 유럽에서 그렇게 빈번한 재산에 대한 불평이 별로 들리지 않는다. 그 이유는 미국에는 무산자들(prolétaires)[26]이 없기 때문이다. 누구에게나 지켜야 할 자기 자신의 재산이 있기 때문에 누구든지 원칙적으로 재산권을 인정하는 것이다.

26 무산자란 말은 프롤레타리아트를 의미하는데, 이 말은 고대 로마에서 최하층 계급을 뜻하는 프롤레타리아투스(proletariatus)에서 유래했다. 자본주의 사회에서 자신의 노동력을 판매하여 생활을 영위해 가는 무산자(proletaria)로 이루어진 계급을 지칭하기 위하여 독일의 사회학자인 K.마르크스가 1840년대에 사용한 개념이다. 프롤레타리아트는 노동력 이외에는 생계수단을 갖지 못한 빈곤층이다.

그와 같은 일이 정치세계에서도 일어난다. 미국에서는 가장 신분이 낮은 계급도 정치적 권리에 대해서 아주 높이 생각하고 있다. 그 이유는 자신들도 그 권리들을 행사하기 때문이다. 그들은 자신들의 권리가 침해당하지 않도록 하기 위해서 다른 사람들의 권리를 공격하는 것을 삼가는 것이다. 유럽에서는 최하층계급이 때로는 국가권력에까지 저항하는 반면에 미국인은 아무런 불평 없이 가장 낮은 관리에게도 복종한다.

이런 사실은 국민 생활의 사소한 부문에까지도 나타난다. 프랑스에서는 상류계급만이 독점하는 즐거움은 별로 없다. 가난한 사람들도 일반적으로 부자들이 출입하는 곳이면 어디든지 들어갈 수 있다. 그래서 가난한 사람들은 출입 장소에 맞춰 예의바르게 행동하며 자기 자신들이 함께 참가하는 즐거움을 증진시키는 일이면 무엇이든지 존중하게 된다. 부유한 사람들이 권력뿐 아니라 즐거움까지도 독점하고 있는 영국에서는 부유한 사람들의 즐거움을 위해 제한된 곳에 가난한 사람들이 들어갈 경우에는 항상 커다란 위해를 야기하곤 한다는 불평이 쏟아져 나온다.

부의 분배 덕분에 모든 사람들이 재산에 대한 개념을 가지게 되듯이 민주주의 정부 덕분에 가장 낮은 계층의 시민들조차도 정치적 권리의 개념을 깨닫게 된다. 이런 점이 민주정치의 최대 이점 가운데 한 가지라고 생각된다. 그렇다고 사람들에게 정치적 권리를 행사하는 방법을 가르치는 것이 쉽다고 말하려는 것은 아니다. 그렇게 하는 것이 가능할 경우 거기서 나오는 결과는 지극히 중요하다는 점을 주장하는 것이다. 또한 그와 같은 시도가 있어야 할 세기(siècle)가 있다면 지금이 바로 그때라는 것을 덧붙여 말하고 싶다. 신앙심이 흔들리고, 천부의 권리 개념이 쇠퇴하고, 윤리가 타락한 결과 윤리적 권리개념이 사라지고 있는 사태를 알지 못하는가? 신앙 대신에 논쟁이 들어서고 지각 대신에 타산이 들어서는 것을 깨닫지 못하는가? 이처럼 모두가 동요하는 상황 속에서 인간 심성 속에 있는 유일하게 변하지 않는 요소인 개인의 이익을 권리의 개념과 결부시키는데 성공하지 못한다면 공포 말고는 이 세상을 다스리는 어떤 방법이 있겠는가?

법률이 취약하고, 국민은 감정들이 격발되어 혼란에 빠져 있고, 도덕적 권위는 마비되어 있으므로 민주주의의 여러 권리들을 증진시키기 위한 조치는 전혀 취하지 말아야 한다는 말을 들을 경우, 바로 그런 이유들 때문에 그런 종류의 조처들이 취해져야 한다. 나는 정부들이 사회보다는 그런 조처들을 취하는데 여전히 훨씬 더 큰 관심을 가지고 있다고 생각한다.

그 이유는 정부는 멸망하지만 사회는 사라지지 않기 때문이다.

그러나 나는 미국이 보여주고 있는 사례를 과장하고 싶은 마음은 없다. 미국에서는 정치적 권리가 남용될 수 없었던 시기에 국민들에게 그 권리가 부여됐다. 그 이유는 시민들이 수적으로 적었고 검소한 생활태도를 지녔기 때문이다. 시민들이 가장 오랫동안 자신들의 권리들을 누려온 국가는 그 권리들을 가장 잘 선용하는 국가이다.

4. 준법정신

전체 국민으로 하여금 입법과정에 직접적으로든 간접적으로든 간여하도록 촉구하는 것은 항상 허용되는 것은 아니다. 그렇지만 이런 일이 가능할 경우, 법률의 권위가 크게 강화되리라는 점은 부인할 수 없다. 이와 같은 법률이 국민에게서 나온다는 사실은 법률의 정당함, 우수성(bonté), 그리고 지혜(sagesse)를 저해하기는 해도 독특하게도 그 권위를 강화시킨다. 전체 국민의 의지를 표출시키면 놀라운 힘이 생긴다. 그 의지가 분명히 표출될 경우에는 그 의지와 겨루어보자고 하던 사람들의 상상력조차도 좌절당하고 만다. 이런 사실의 진실성 여부는 여러 당파들에 의해서 잘 드러나고 있다. 결과적으로 정당들은 가능한 한 다수를 만들어내려고 노력한다. 정당들은 만일 자기네 편에 더 많은 수의 유권자들을 확보하지 못할 경우 진정한 다수는 기권했다고 주장한다. 그런 측면에서마저 실패할 경우 그들은 선거권이 없는 사람들에게 의지하는 것이다.

미국에서는 노예, 하인 그리고 타운이 부양하는 걸인들을 제외하고는 선거권을 행사하지 못하고 간접적으로 입법에 기여하지 않는 계층의 사람들은 전혀 없다. 법률을 공격하고자 하는 사람들이 있다면, 그들은 결과적으로 국민의 의견을 바꾸거나 국민의 결정을 유린하는 수밖에 없다.

훨씬 직접적이고 더욱 설득력이 있는 두 번째 이유를 들 수 있다. 즉 미국에서는 누구든지 법의 준수에 개인적으로 관심을 가진다. 현재의 소수도 아마도 얼마 있지 않아 다수가 될 수 있기 때문이다. 소수가 이제 입법자의 의도에 대해 존경을 표명한다면 자신의 입법의도에 대한 존중을 하도록 강요할 기회를 가질 것이다. 법률이 아무리 성가신 것이라고 해도 미국 시민은 별다른 이의를 제기하지 않고 그 법률을 따른다. 그것은 그 법률이 다수가 만든 것이라는 이유 때문만이 아니라 자기 자신의 것이라는 이유 때문이다. 그는 그 법률을 자기 자신이 한쪽 당사자로 되어 있는 계약으로 간주한다.

미국에는 법률을 당연한 적으로 간주하면서 두려움과 불신을 품고 그것을 바라보면서 항상 혼란을 야기하는 수많은 군중은 없다. 오히려 미국의 모든 계층은 나라를 움직이는 법률에 대해서 한없는 신뢰감을 나타내고 일종의 부모의 정을 가지고 법률을 아끼는 것을 보게 된다. 그러나 모든 계급이라고 하는 나의 말은 옳지 않다. 미국에서는 권력에 대한 유럽적인 기준이 뒤바뀌기 때문에 수적으로 적은 부유한 사람들이 처한 입장은 유럽대륙의 가난한 사람들이 처한 입장과 비슷하다. 흔히 법률을 의심에 찬 눈으로 바라보는 사람들은 소수인 부유한 계급들이다. 민주정치의 이점은 때로 주장되듯이 만인의 이익을 보장하는 것이 아니라 다수의 이익을 보호하는 것이다. 서민층이 지배하는 미국에서 부유한 사람들은 서민층이 권력을 남용하지는 않을까 항상 두려워한다. 부유한 사람들의 이와 같은 당연한 걱정은 은밀한 불만을 조성할지도 모른다. 그러나 사회가 그 때문에 혼란에 빠지지는 않는다. 왜냐하면 그들은 재산 때문에 법률에 저항하지 못하기 때문이다. 문명국들에서는 잃을 것이라고는 없는 사람들만이 반란을 일으킨다. 민주정치의 법률이 반드시 존중될 만한 가치가 있는 것은 아니라고 해도 그 법률들은 언제나 준수된다. 통상 법률을 침해하는 사람들이라도 자기들 스스로 법을 만들어서 혜택을 얻을 경우에는 반드시 준수한다. 더욱이 미국인들은 그 법률이 스스로 만든 것이라는 이유 때문만이 아니라 그 법률이 해로울 경우 바꿀 수 있기 때문에 준수한다. 즉 첫째로는 그 법률은 스스로 부과한 악이며 둘째로는 일시적으로 지속되는 악이기 때문에 준수하는 것이다.

5. 정치기구 전반에서의 공익 추구 활동

자유로운 국가에서 자유가 없는 국가로 옮겨가면 여행자는 특별한 광경에 놀라게 된다. 자유로운 국가에서는 만사가 동적이며 활력이 넘친다. 자유가 없는 나라에서는 만사가 정적이며 활력을 상실한 것 같다. 앞의 나라에서는 개선과 진보만이 화제가 되고 뒤의 나라에서는 사회가 얻은 이익을 누리면서 안주하기만을 바랄 것이다. 그렇지만 행복해지려고 끈질기게 노력하는 나라가 안주하는데 만족하고 있는 나라보다는 일반적으로 더 부유하고 번영을 누린다. 그런 두 나라를 비교할 경우, 자유로운 나라에서는 매일 얼마나 많은 것이 새로이 필요한지, 반면에 자유가 없는 나라에서는 새로이 필요한 것이 어찌 그리 적어 보이는지를 분명히 알 수 있다.

이런 말이 군주정과 귀족제도가 동시에 보존되고 있는 자유로운 나라들에 적용될 수 있다면, 민주공화정에는 더 말할 것도 없다. 민주공화정에서는 국민의 일부가 사회상태의 진보를 위해서 애쓰는 것이 아니라 전 국민이 그 과업에 열중한다. 미국에 퍼져 있는 정치활동은 실제로 보지 않고서는 이해할 수 없을 것이다. 미국 땅에 발을 디디자마자 일종의 혼란 상태에 휩싸이게 된다. 사방에서 정신을 차릴 수 없이 소음이 들리고 동시에 들리는 수천 명이 각자의 사회적 요구사항을 내세우는 소리를 들을 것이다. 당신 주위의 모든 사람들이 활발히 움직이고 있다. 마을 주민의 4분의 1정도는 교회건립을 결정하기 위해 모이고 또 한쪽에서는 하원의원 선거가 실시된다. 좀 떨어져서는 한 구(district)의 의원들이 몇몇 지역개선사업을 협의하기 위해서 시내로 발길을 서두르고 있으며 또 다른 곳에서는 마을의 농부들이 쟁기들을 한쪽에 치워두고 도로나 공립학교 건설계획을 놓고 토론을 벌인다. 단지 정부가 하는 일에 찬성할 수 없다는 뜻을 밝히려는 목적만으로도 집회들이 소집된다. 그런 반면 다른 집회들에서는 시민들이 위정당국자들이 위대함을 선포하기도 한다. 술 취하는 것을 국가 악의 주된 요인으로 간주하면서 절주(節酒)의 본보기를 보이기로 약속하는 결사들이 만들어진다.

미국 국민들의 생활 가운데 정치에 대한 관심이 어느 정도의 비중을 차지하는지는 말하기 어렵다. 사회의 운영에 끼어들고 그 문제를 토의하는 것은 미국인의 가장 큰 관심사이며 말하자면 그가 알고 있는 유일한 즐거움이다. 사회문제에 대한 관여는 가장 하잘것없는 생활습관에까지 이루어지고 있다. 여자들까지 자주 가사노동으로부터 벗어나 공공집회에 참석하여 정치연설에 귀를 기울인다. 그녀들은 토론클럽을 통해 자신들의 주장을 펼친다. 미국인은 대화는 할 수 없지만 토론할 수는 있으며 그의 말은 주장으로 변해버린다. 그는 마치 자신이 어느 모임에서 연설하듯이 상대방에게 말한다. 우연히 토론에서 열이 오를 경우에는 그는 자신과 대화하고 있는 상대방에게 "신사 여러분"하고 말할 것이다.

몇몇 국가들에서 주민들은 자신들에게 법에 의해 허용된 정치적 특권에 대해 거부감을 가진다. 그들은 개인 시간 투자를 너무나 아까워하기 때문에 공공의 이익을 위해서 자신의 시간을 쓰려 하지 않는 것 같다. 또한 그들은 울타리로 두텁게 둘러싸인 편협한 이기심 속에 자신들을 가둔다. 이에 반해 미국인이 자신의 활동을 제 일에만 한정한다면 그는 자기 생활의 반을 빼앗기는 꼴이 될 것이다. 그 경우 그는 일상적인 생활에 엄청난 공허를 느끼게 되어, 믿기지 않을 정도로 불행에 빠진다.

또한 민주정치에 대한 직접적인 조처들에 대해서보다는 민주정치가 간접적으로 이루어지도록 작용한 사태들에 대해서 민주주의의 역할을 치하할 마음이 든다. 국민들이 공무를 수행할 경우 그것은 흔히 아주 나쁜 결과를 가져온다는 것은 의심의 여지가 없다. 그러나 하층계급이 공무에 참여하면 일상적인 사고의 틀을 버리고 반드시 사고의 영역을 넓히게 된다. 공무에 협력하는 사람은 아무리 보잘것없는 사람이라도 어느 정도의 자존심을 얻게 된다. 또한 그가 권력을 가지게 되면 자기보다 더욱 지식을 많이 가진 사람들을 부릴 수 있다. 그는 수많은 사람들에게 둘러싸이며, 그들이 여러 가지 방법으로 그를 속이려 해도 사실상 그를 더욱 현명하게 만들 뿐이다. 그는 자신이 시작하지 않았지만 그에게 구미를 당기게 만드는 여러 정치적 계획에 참가한다. 매일 새로이 증가하는 공공재산이 그에게 보고되며, 이런 사실 때문에 그는 자기 자신의 것이나 다름없는 그 재산을 증대시키려 하게 된다. 미국의 민주제도는 그 나라의 자연조건과 더불어 주민들의 놀랄 만한 상업 활동의 원인(직접적인 원인이 아니라 간접적인 원인) 이 되고 있다는 점을 나는 확신한다. 그런 원인은 법률로 조성되는 것은 아니지만, 국민은 법운용에서 얻은 경험에 비춰 그 원인을 촉진시키는 방법을 알아낸다.

민주정치는 어떤 형태의 절대체제의 정치보다 많은 성과를 거둔다. 잘하는 것이 많지는 않아도 더 많은 일을 해내는 것이다. 민주정치 아래서는 정부가 하는 일의 성과보다는 정부가 개입하지 않거나 정부 밖에서 이루어진 일의 성과가 더욱 돋보이는 것이다. 민주정치는 국민에게 가장 능란한 정부를 제공해 주지는 않지만 가장 유능한 정부라도 흔히 이루어 놓을 수 없는 것을 만들어낸다. 다시 말하자면 잠시도 쉬지 않고 모든 부문에 걸치는 활동, 넘치는 열정, 그리고 아무리 불리한 상황이라도 기적을 낳을 수 있는 민주주의와는 뗄 수 없는 활력, 그런 것들이 민주정치의 진정한 장점들이다.

해 제

미국의 민주주의

알렉시스 드 토크빌의 이력

해제

미국의 민주주의

1. 저자 소개

알렉시스 드 토크빌(Alexis de Tocqueville)은 프랑스대혁명(1789)[27] 직후인 1805년 7월 29일 노르망디의 유서 깊은 귀족 가문에서 태어나 파리에서 자랐다. 그는 1812년부터 아베 르쉬웨르(Abbé Lesueur)로부터 개인지도 받았으며, 메츠(Metz)에 있는 왕립학교에서 수학했다. 토크빌은 1823년에서 1827년까지 파리에서 법학을 공부하는 동안 자유주의자로서의 입장을 고수하면서 기본적인 사유의 틀을 형성해갔다. 그는 법학공부를 마치고 부친이 새로 부임해간 베르사이유의 법원에서 하급 '배석판사'(juge auditeur)로 공직활동을 시작하면서 프랑스 사회에 대한 좌절을 맛보았다. 평생의 지기가 될 구스타브 보몽을 만난 것도 이때의 일이다. 1828년에는 대학에서 프랑수아 기조(Guizot)[28]의 유럽사 및 역사철학강의를 청강하였다. 1830년에는 정치적 위협에 굴복하여 루이 필립 왕과 7월 왕정에 충성을 맹세하기도 했다. 이 와중에도 그는 당시의 지도적인 자유주의자들과 교우하면서 공적인 문제들을 논의하기 위해 애썼다. 미국의 행형(行刑)제도를 연구하기 위해 귀스타브 드 보몽과 함께 1831년 5월에 뉴욕에 도착한 토크빌은 전례 없는 사회적 평등, 신분차별의 부재, 규제를 받지 않는 상업활동 등에 큰 감명을 받았다. 1833년에는 『미국의 행형제도와 프랑스에서의 그 적용에 대하여』(Du systéme penitentiaire aux Etats-Unis et de son application en France)를 보몽과 공동 출간하였다. 그는 1833년 영국으로 건너가 J.S. 밀 등 자유주의자와 교유하였으며, 밀에게 큰 영향을 주었다. 1835년에 『미국의 민주주의에 대하여』(De la démocratie en Amérique) 제 1부를 출간하였다. 이 저서에서 근대 민주주의사회로의 이행을 필연적 현상으로 보았으며, 더 나아가 이러한 사회의 부정적 영향인 개인주의나 정치적 무관심 등을 어떻게 극복해나갈 지에 대해서도 언급하였다. 1836년 메리 모틀리와 결혼했다. 존 스튜어트 밀의 호의로『런던 및 웨스트민스터 지(誌)』(London and Westminster Review)에 논문을 기고했다. 1839년 발로뉴(Valognew)에서 하원의원에 선출된 후 프랑스식민지에서의 노예제도 폐지를 주장하는 보고서를 의회에 제출했다. 1840년에 『미국의 민주주의』제 2부를 출간했다.

27 프랑스혁명(1789~1794년)은 프랑스에서 일어난 시민 혁명이다. 프랑스 혁명은 엄밀히 말해 1830년 7월혁명과 1848년 2월혁명을 함께 일컫는 말이지만, 대개는 1789년의 대혁명만을 가리킨다. 절대왕정이 지배하던 프랑스의 구제도인 앙시앵 레짐(Ancien Régime)은 인구의 대다수를 차지하고 있던 평민들의 불만을 가중시켜 마침내 1789년에 봉기하게 하였다. 프랑스 혁명은 앙시앵 레짐을 무너뜨렸지만 혁명 후 수립된 프랑스 공화정이 나폴레옹 보나파르트(Napoléon Bonaparte)에게 쿠데타로 무너진 후 75년 동안 공화정, 제국, 군주제로 국가 체제가 바뀌며 굴곡의 정치적 상황이 지속되었으나 역사적으로 민주주의 발전에 큰 기여를 했다. 프랑스 혁명은 크게 보면 유럽과 세계 역사에서 정치권력이 소수의 왕족과 귀족에서 일반 시민에게 옮겨지는 획기적인 역사의 전환점이었다.

28 프랑수아 피에르 기욤 기조 (François Pierre Guillaume Guizot, 1787~1874년)는 프랑스의 정치가이자 역사가이다. 프랑스 남부의

프로방스 지방인 님의 신교도 가정에서 출생하여 파리에서 법률을 배우고 뒤에 문학을 공부하였다. 1812년 기번의 《로마 제국 쇠망사》를 번역하여 역사가로서 출발하였고, 그 해 소르본 대학 근세사 교수가 되었다. 왕정복고 후에 내무성, 법무성에 근무하였다. 그러나 정부의 정책과는 입장을 달리하여 사직한 뒤 하원의원이 되고, 7월 혁명 때 부르봉 왕가를 쓰러뜨리는 데 힘썼다. 뒤를 이은 오를레앙 왕조의 루이 필립 왕의 밑에서 수상이 되었다. 그러나 1848년 2월 혁명이 일어나 영국으로 망명하였으며, 이듬해 귀국하여 역사 연구에만 몰두하였다. 저서에 《프랑스 문명사》, 《영국 혁명사》등이 있다.

미국과 영국에 이어 아일랜드, 알제리 여행을 마치고 돌아온 토크빌은 하원의원을 거쳐 1842년에는 라망슈(La Manche) 주의회 의원으로서 프랑스정치에서 공적 참여의 부족을 비판하는 연설을 했다. 또한 행형제도의 개혁을 주장하는 보고서를 하원에 제출하기도 했으며, 진보적인 신문 〈르 코르메스〉를 지원하는 선도적인 세력의 일원으로도 활동했다. 1849년 루이 나폴레옹 대통령에 의해 외무대신에 임명되지만 4개월 만에 사임했다. 1850년에 2년에 걸친 의정 활동을 회고한 『회상록』(Souvenirs) 저술하였고, 1851년 다른 의원들과 함께 루이 나폴레옹[29]의 쿠데타에 반대하다가 체포되어 외무성에 하루 동안 수감되었다. 1856년 『구체제와 대혁명』L'Ancien Régime et la Révolution) 출간하였고, 1859년 4월 16일 폐결핵으로 세상을 떠났다.

29 샤를 루이 나폴레옹 보나파르트(Charles Louis Napoléon Bonaparte, 1808~1873년)는 최초의 프랑스 대통령이자 두 번째 프랑스 황제이다. 프랑스의 마지막 세습군주이기도 하다. 나폴레옹 1세의 조카이자 의붓외손자로 1848년에 2월 혁명 이후 수립된 새로운 공화국에서 프랑스 대통령으로 선출된 후 쿠데타를 통해 제2제국을 선포하

고 황제의 자리에 올랐다. 경제 개발에 힘써 농업 국가였던 프랑스를 공업 국가로 탈바꿈시켰고 오스만 남작과 함께 파리 개조 사업을 단행하였다.(위키백과)

토크빌은 미국과 유럽 각지를 여행하면서 넓힌 견문을 토대로 자신의 사상을 끊임없이 발전시켰다. 『미국의 민주주의』, 『시칠리아 여행기』 그리고 『미국의 행형제도와 프랑스에서의 적용에 대하여』는 모두 그의 여행경험에 토대를 두고 있다. 그는 이렇게 형성된 새로운 사상을 프랑스 정치가 나아가야 할 방향을 제시하는 데 활용하고자 노력하기도 했다. 이처럼 토크빌은 귀족출신이라는 태생적인 신분적 한계에 얽매이지 않고 시대의 흐름을 냉철하게 간파했으며, 자신의 지적 성과를 자신이 몸담고 있던 공직활동에 적극 활용하려 했던 선진적인, 세계사적 전환기의 지식인이었다.

명실상부한 프랑스 대귀족이었던 토크빌은 할아버지 말레제레브 토크빌이 대혁명기 동안 루이 16세를 변호하다가 로베스피에르[30]의 단두대 아래 처형되면서 친척들이 줄줄이 피의 숙청을 당한 귀족 집안에서 자라났다. 형장의 이슬로 사라졌던 일가친척들이 워낙 많았던 탓에 상속유산은 많아져 물질적으로는 오히려 풍족하게 컸지만 정치적 격동기에 조심스럽게 시대를 관찰하던 토크빌은 예리한 통찰력을 가진 인물로 성장하였다. 토크빌은 가장 존경하는 인물로 항상 할아버지 말레제레브를 꼽았는데, 말레제레브는 루이 16세를 변호하였지만 동시에 민주주의 사상을 일찍이 받아들인 개혁적 인물이기도 하였다. 토크빌은 "할아버지(말레제레브)는 왕 앞에서는 인민을, 인민 앞에서는 왕을 옹호했다. 그의 위대함은 내가 지금까지도 잊지 않고 또 잊을 수도 없는 본보기"라고 하면서 그의 기백을 존경하였다. 그 역시도 꿋꿋하게 소신을 지키며 어느 한 입장에만 편향적으로 머무르지 않고 보수주의와 자유주의를 넘

나들며 세상을 날카롭게 논평하였다. 토크빌의 당차고도 예리한 시선은 『미국의 민주주의』곳곳에서 살필 수 있는데, 미국 사회의 면면을 고찰하면서 진정한 민주주의 실현의 조건을 숙고한 대목에서 그의 명민함이 거듭 확인된다.

30 막시밀리앙 로베스피에르(1758~1794)는 프랑스 북부의 아라스 출생했다. 그는 1789년 삼부회(三部会) 의원에 당선되고, 혁명이 일어나자 자코뱅당(党)에 가입하였다. 의회에서는 소수 민주파에 속해 있었으며 국왕의 거부권에 반대하였다. 1791년 국왕 일가가 바렌으로 도망친 것을 계기로 입헌왕정파가 자코뱅당에서 탈퇴하였을 때, 자코뱅당에 남아 그 재건에 힘써 사실상의 당 지도자가 되었다. 1792년 4월 혁명전쟁이 일어나려 할 때, 재야(在野)의 몸으로 반대 성명을 하였으나 받아들여지지 않았다. 왕정폐지의 계기가 된 1792년 8월 10일 봉기 후에 급진적인 사건 처리안을 기초하여, 파리코뮌으로부터도 대표로 추대되었다. 그 해 9월 국민공회(혁명의회)에는 파리에서 1위로 당선되었다. 당통 및 마라와 더불어 산악파(山岳派) 거두로 일컬어졌다. 1793년 6월 2일 산악파가 독재체제를 완성한 후로는 농촌의 봉건제도 불식, 소농민과 소생산자층에 바탕을 둔 국가체제의 실현을 서둘러, 공안위원회에 가입하여 공포정치를 추진하였고, 1794년 3월 자코뱅당 좌파인 에베르파(派)를 반란죄의 명목으로 숙청하였다. 이어 4월 우파인 당통파(派)를 일소하여 독재체제를 완성하였으나, 7월 27일 부르주아 공화파를 중심으로 하는 의원들의 반격을 받고, 28일 생쥐스트 등과 함께 처형되었다.

2. 작품 전체에 대한 소개

토크빌이 『미국의 민주주의』라는 역작을 남긴 목적은 미국 민주주의의 발전을 위해서라기보다는 귀족의 자손으로 당시 자신이 살고 있던 조국인 프랑스의 답답한 현실에 대한 해결책을 모색하기 위한 것이다. 보수주의적인 귀족 집안 분위기에서 자란 그이지만 1930년 자유주의자들과 의회주의자들이 주도한 7월 혁명[31]으로 성립한 부르봉 왕조에 대한 공식적으로 지지를 선서하였다. 토크빌이 볼 때 프랑스 대혁명은 평등을 회복시켰으나 결코 개인에게 자유를 가져다주지 않았다. 정치생활에 있어서 자유 없는 평등의 원리는 그에게 평등 없는 자유처럼 오래 지탱할 수 없는 것으로 생각되었다. 즉 "1789년에 자유를 열렬히 사랑했던 프랑스인들은 1799년에는 더 이상 자유를 사랑하지 않게 되었고, 이에 더해 나폴레옹 보나파르트는 평등은 가져왔지만 자유를 압살"하고 말았던 것이다. 평등원리의 승리가 더욱 공고해지면서 프랑스인들은 점차 그 평등의 자연스러운 경향에 굴복하게 되었다. 그래서 중앙정부를 더욱 강화하고 집권화시켰다.

31 1830년에 발생한 7월혁명의 지도자들은 1814년에 나폴레옹이 몰락한 이후 새로이 왕이 된 샤를 10세가 언론탄압, 의회해산, 선거권 제한 등의 탄압조치를 취하자 이에 반대하여 혁명을 일으킨 자유주의자들이었다. 이들의 지도하에 혁명을 일으킨 혁명적 민중은 실업자나 빈곤한 최하층민이 아니라 일정한 직장을 가진 노동자 계층과 소시민 출신이었다. 혁명이 성공한 후 혁명 세력 내에는 새로운 체제에 대한 의견이 갈라졌다. 과격파는 보통선거에 입각한 공화제를 원하고, 온건파는 제한선거에 입각한 입헌 군주제를 원하였다. 대세는 온건파로 기울어지고, 루이 필립이 왕으로 추대되었다. 이리하여 성립한 7월왕정은 1814년의 헌법에서 왕권의 절대성에 관한 조항만

제거하고 그 핵심을 보존하였다. 선거권이 확대되기도 하였으나, 3000만 명에 달하는 인구 중 유권자는 16만 명을 약간 넘을 정도에 그쳤다. 그리하여 7월왕정은 민주주의와는 거리가 멀었으며, 실제로 혁명 시에 시가전에 앞장선 공화주의적인 혁명세력을 만족시키지 못하였다. 이후 민중의 권한을 확대하기를 원하는 운동이 지속되었다. 이것이 바로 토크빌이 말한 민주주의 혁명의 지속이다.

프랑스인들은 스스로 평등해지기 위해 자유롭기를 갈망했다. 그러나 자유의 도움을 받고 평등이 더욱 확립된 데 비례하여 자유 그 자체는 그 때문에 더욱 달성하기 어려워졌다. 토크빌은 이점을 프랑스 정치체제가 직면한 가장 심각한 문제로 간주하였다. 그는 "평등화는 인간을 고립시키는 경향이 있으며, 모든 사람들을 자기 자신에게만 관심을 집중하게 만드는 경향이 있다. 이것은 인간으로 하여금 물질적인 쾌락에 대해 지나치게 애착을 느끼도록"한다고 생각했다.[32] 따라서 토크빌이 본 프랑스 사회가 필요로 하는 가장 중요한 과제는 평등과 자유의 조화로운 달성이었다. 그렇지만 그는 당시 자신이 살았던 프랑스 사회에서 대혁명으로 달성된 평등사회의 민주주의는 중앙집권화를 초래하였고, 이 중앙집권화는 점차 자유를 억압하여 새로운 전제주의를 낳았다고 보았다. 즉 대혁명 이후인 당시 프랑스의 민주주의체제에서 국민들은 자유 속에서의 평등을 요구하였지만 그것을 획득할 수 없게 되자 노예 상태에서의 평등이라도 요구하였다는 것이다. 이로 인해 프랑스는 자유, 평등, 박애를 모토로 삼았던 대혁명을 거친 후에도 '자유와 평등의 조화로운 달성'이라는 목표를 성취하기는커녕 여전히 혼란에 처해 있었던 것이다.

그처럼 토크빌은 자신이 살았던 18세기 전반기에 프랑스에서 민주주의가 제대로 뿌리를 내리지 못하고 혼조를 거듭하고 있었던 데 반해 미국에서는 민주주의가 꽃을 피우고 있다는 점을 주목하였다. 그는 어떻게든 미국 민주주의의 장점을 프랑스에 적용할 가능성을 모색하고자 했다.[33] 이 때문에 토크빌이 『미국의 민주주의』를 저술하게 되었던 것이다.

32 방문숙, 「토크빌의 평등사회 비판에 대한 분석」, 『이대사원』, 제 32집, 1999, 70쪽 참조.

33 토크빌이 미국의 민주주의를 연구한 목적은 어디까지나 자신의 조국인 프랑스의 정치적 발전에 도움을 주려는 것이다(Cynthia Hinckley, "Tocqueville on religion and modernity: making catholicism safe for liberal democracy", *Journal of Church and State,* vol. 32, 1990 참조).

3. 주요 내용

『미국의 민주주의』는 7개월 동안 미국을 돌아보고 쓴 제 1권(1835년)과 5년 뒤에 출간한 제 2권(1840년)으로 책이 나눠어지는데, 첫 번째 책은 미국사회의 구체적인 제도와 습속을 소개하면서 민주주의의 성공적 사례와 조건들을 고찰하였고, 그에 비해 두 번째 책은 민주주의에 관해 다소 관념적으로 접근하여 체제를 분석하였다. 두 책이 동일하게 '미국의 민주주의'라는 표제를 달고 있지만 방점은 각기 달리 찍힌다. 제 1권은 미국사회의 특성에 관심을 둔 '미국의' 민주주의이며, 제 2권은 민주주의 제도 그 자체의 특징에 초점을 둔 미국의 '민주주의'이다. 민주주의를 적극적으로 받아들인 토크빌은 "평등은 역사의 섭리"라면서 민주주의로의 변화를 인류의 숙명적 노정으로 생각하였으나, 당대의 정치사상가들이 미처 생각하지 못했던 미래 민주사회의 문제점 역시 치밀하게 파악하였다. 『미국의 민주주의』 안에서 미국사회에 잠재되어 있는 민주주의 적대요소로서 노예제도에 대한 남북갈등과 인디언 및 흑인의 인종차별 문제에 대해 심각히 고려한 토크빌은 미국의 사회문제를 떠나 자유의 자발적 포기, 평등에 대한 열망, 다수의 횡포, 로비문화와 정경유착 등 여러 민주주의 국가들에서 나타날 일반적 문제점들에 대해서도 관심을 표명하였다.

그 내용을 구체적으로 살펴보면, 우선 제 1권의 제 1부에서 토크빌은 민주주의가 법률, 정부, 일상생활에 부여하는 방향과 힘 등을 찾아내고 민주주의가 발생시키는 선과 악이 무엇인가를 파악하려 했으며, 나아가 미국인들이 민주주의를 운영하기 위해 어떠한 장치를 마련하고 있는가를 밝히려 했다. 제 2부에서는 미국에서 조건의 평등과 민주주의 정부가 시민사회, 습관, 이념, 습속에 미친 영향들을 검토하려 했다. 즉 토크빌은 제 1권에서 자연환경, 미국인들의 교육 그리고 습속의 특수성을 강조한다. 아울러 미국에서 민주주의적 공화국을 유지시키는 주요한 원인들을 찾으려는 작업이 제 1권의 핵심 내용을 이루고 있다. 이에 비해 제 2권의 1부에서 민주주의 사회를 특징짓는 것과 구별되는 미국인들의 지적인 태도를 보여준다. 또한 미국사회의 특수한 두 가지 특징을 들고 있다. 그 하나는 미국사회의 기원에서부터 청교도가 주도적 역할을 했다는 점이고, 다른 하나는 미국인들의 사회나 헌법에서 미국적인 특징을 구분하면서 민주주의의 이상적 형태를 구성해내고 그것을 귀족주의적인 유럽의 사회상태와 비교하는 것을 제 2권의 핵심내용으로 한다.[34]

34 홍태영, 「토크빌과 민주주의의 패러독스」, 『한국정치학회보』, 제35집, 3호, 71-72쪽.

사실 『미국의 민주주의』는 내용이 너무 방대하다. 그 핵심 내용을 압축한다면 다수의 만능과 그것이 초래할지도 모르는 전제정이나 폭정을 극복할 방안을 제시하려는 것이다. 먼저 토크빌은 미국 민주주의체제의 장점을 파악하기 위해 민주주의 사회에서 국가를 주도하는 입법부와 행정부의 구성이 국민투표에서 다수결에 의해 결정된다는 점을 주목하였다. 유권자의 다수가 국민투표로 자신들이 원하는 대통령이나 국회의원을 선출하여 원하는 것을 무엇이든 할 수 있다고 본 토크빌은 이것을 다수의 만능(omnipotence de la majorité)이라고 불렀다. 그는 다수가 만능을 가지고 자신이 원하는 것을 마음대로 하게 되는 현상을 다수의 전제(tyrannie de la majorité)라고 부르고, 이 다수의 전제는 민주주의 체제를 위기에 빠뜨릴 수 있다고 보았다. 그는 다수의 전제를 완화시키거나 막는 것이 민주주의체제의 우선 과제라고 주장하였다. 토크빌은 1830년대까지의 미국사회를 분석하고 나서 미국의 민주주의체제가 그 과제를 잘 수행해왔음을 논리적이고도 체계적으로 잘 설명하였다. 그가 내린 결론은 미국의 민주주의체제는 다수의 전제가 폭정으로 바뀔지라도 그 자체의 회복능력이 있어서 그 같은 위기를 곧 극복해 왔고 차후로도 극복하게 될 것이라는 것이다.

그는 미국의 민주주의체제가 전제정에서 벗어날 수 있는 직접적 요인과 간접적인 요인을 차례로 제시하였다. 토크빌은 전제정에서 벗어나는데 직접 기여하는 요소로 행정이 중앙집권화되지 않은 점, 사법관이 민주주의의 형평을 유지시켜 준다는 점 그리고 배심원제도를 들고 있다. 그는 평소에 미국 민주주의체제의 기초체력을 보강함으로써 전제정에서 벗어나는데 간접적으로 기여하는 요소로 법률, 관습, 교육 그리고 자연환경의 영향을 꼽았다. 기초체력을 뒷받침해주는 또 다른 요인으로는 주권재민을 보장해주는 요소인 언론자유, 정치결사, 지도자선출의 장점, 국민들의 공동체 옹호정신, 절제하는 관료와 정부를 제시하였다. 또한 주권재민을 강화시켜 주는 또 다른 요소인 지방자치제도를 타운을 중심으로 살펴보았다. 아울러 폭정을 막고 민주주의를 강화시켜줄 요소로 '개인주의 극복'과 '공익중시 경향'을 덧붙였다.

본 편역서에서는 이러한 요소들을 차례로 살펴봄으로써 미국의 민주주의가 어떻게 해서 효과적으로 작동하였는지를 검토하고 있다. 내용의 이해를 돕기 위해 원전에 나타나는 목차와 장 및 절의 순서를 논지에 맞게 상당 부분 수정하였음을 미리 밝히는 바이다. 아울러 『미국의 민주주의』에서 토크빌이 사용한 시제의 현재는 그가 미국에 여행했던 1830년대 초반을 지칭한다.

4. 작품의 시대적 의의

토크빌의 저작을 이해하려면 그 책이 기술된 당시의 시대적 배경을 이해해야 한다. 토크빌이 『미국의 민주주의』를 저술했던 1830년대의 미국은 프랑스보다 인구도 많지 않았고, 군사력도 형편없었다. 오늘날의 미국이 갖고 있는 국제적인 지위나 군사적인 강대국의 면모는 책이 집필될 당시 미국의 모습과는 판이하다. 그 당시의 제도나 법률도 오늘날과 상이한 점이 많다. 이 책에서 나오는 미국에 대한 서술들이 오늘날의 미국과는 상이한 내용도 더러 있다. 이러한 차이점에도 불구하고 그 핵심 주제는 그 당시의 미국이나 오늘날의 미국에 동일하게 적용되고 있다. 이는 『미국의 민주주의』가 오늘날의 미국사회의 장단점과 작동원리를 체계적으로 설명하는데 커다란 도움이 되고 있음을 말해주는 것이다.

토크빌은 미국의 민주주의의 장점을 프랑스에 도입하여 자신의 조국인 프랑스에 민주주의를 정착시키고 발전시키기를 원했던 것이다. 그렇지만 프랑스인들은 오랫동안 『미국의 민주주의』라는 저작에 별 관심을 기울이지 않았고[35] 오히려 미국인들이 그 책에 보다 큰 감명을 받았던 것이다. 『미국의 민주주의』가 미국인들의 커다란 관심을 불러일으킨 것은 2차세계대전 이후의 반공 이데올로기의 확산에서 비롯되었음을 고려해야 한다. 양차대전 사이에 전체주의체제를 목도하였던 미국인들은 2차대전 직후 자신들도 히틀러와 같은 지도자에게 속아서 그와 같은 지도자를 대통령이나 국회의원으로 선출할 수도 있음을 깨달았다. 만일 히틀러와 같은 악당이 미국의 대통령이 된다면 미국이 독재체제로 바뀔 수도 있다는 우려가 생겨났다. 그렇지만 미국인들은 나치당이 독일에서 제 1당이 되어 히틀러가 수상이 될 수 있었던 것은 당시 독일의 사회경제적 상황이 세계경제대공황의 여파로 극도의 위기에 처해있었기 때문이라고 여겼다. 이에 비해 미국은 프랭클린 루즈벨트 대통령이 중심이 되어 경제대공황을 성공적으로 극복했고 앞으로도 그럴 것이기 때문에 히틀러와 같은 독재자를 대통령으로 선출할 가능성은 거의 없다는 판단을 내리고 안도의 한숨을 내쉬었다.

35 프랑스에서 토크빌이 각광을 받기 시작한 것은 1960년대 이후이다. 레이몽 아롱(Raymon Aron)이 뒤르껭의 사상이나 마르크스의 이론보다 오히려 귀족사회와 민주사회라는 두 개의 사회로 근대 사회를 분석한 토크빌의 패러다임을 높이 평가하기 시작하면서 토크빌 사상의 중요성은 프랑스에서도 제대로 인정받게 되었던 것이다. 그렇지만 피에르 마낭(Pierre Manent)은 레이몽 아롱이 토크빌이 내세운 '다수의 전제'라는 말의 의미를 제대로 이해하지 못하였다고 비판하고 있다: Daniel J. Mahoney, "Modern liberty and its discontents: an introduction to the political reflection of Pierre Manent", in Pierre Manent, Modern liberty and its discontents, *Lanham, MD: Rowman and Littlefield,* 1998, p. 197 참조.

그러다가 1953년에 매카시 사건이 터지자 미국 국민들은 히틀러와 같은 악당에게 국가의 주권을 쉽사리 넘겨줄 수도 있다는 사실에 전율을 금할 수 없게 되었다. 매카시 사건이란 미국 위스콘신 주(州) 출신의 공화당 소속 상원의원 조셉 매카시(J.R. McCarthy)가 1950년 2월 "국무성 안에는 205명의 공산주의자가 있다"는 폭탄 연설을 한 것에서 비롯되었다. 그 이후 수년에 걸쳐 매카시가 상원의 비미(非美)활동특별조사위원회를 무대로 하여 행한 공산주의자 적발·추방의 선풍을 의미한다. 매카시의 주장은 제2차 세계대전 이후 냉전이 심각해지던 상황[36]에서 전통적인 미국자본 시장이던 중국의 공산화와 잇달아 발생한 한국의 6.25전쟁 등 공산세력의 급격한 팽창에 위협을 느낀 미국국민들로부터 광범한 지지를 받았다.

36 이 시기에 2차 세계대전의 영향으로 인해 대영제국(Great Britain)이라고 한때 칭송받기도 했던 영국은 패권적 지위를 상실하게 되었다. 이에 비해 국제문제에서 고립주의 노선을 추구하던 미국이 2차 세계대전 참전을 계기로 세계적 패권국으로 급부상했다. 또한 국제적으로 자유주의 진영과 공산주의 진영의 냉전이 격화되었다. 소련은 압력을 행사하여 동유럽 국가들을 자국의 위성국가로 만들었다. 얼마 지나지 않아 중국도 모택동이 주도하는 공산당에 의해 공산화되었다. 그리하여 소련과 중국, 동유럽 국가들을 하나로 묶는 거대한 공산주의 진영이 탄생하였다. 이러한 이데올로기적 대치 상태가 심화되어감에 따라 공산주의에 대한 공포가 서방세계에 확산되었고, 소련의 베를린 봉쇄(1949년)와 한국전쟁(1950년)의 발발로 인하여 그러한 위기의식은 점점 더 고조되기 시작하였다.

매카시가 먼저 공격목표로 삼은 것은 중국정책에 영향력이 컸던 외교관, 국무성 고위관료, 중국통 정치학자, 국제법학자 등이었는데, 대통령 트루먼(H.S. Truman)조차도 공산주의자들에게 소극적인 태도를 취하고 있다고 비난을 받았다. 당시 국무장관 덜래스(J.F. Dulles)를 비롯한 많은 사람들이 공산주의자나 그에 동조하는 자로 낙인찍힐까봐 공포에 떨었고, 그 때문에 미국의 외교정책이 필요 이상으로 경색된 반공노선을 걷게 되었다. 유력한 정치가나 지식인들도 두려움을 느끼고 매카시의 주장에 대해 반론을 제기하지 못하였다.[37] 그러다가 매카시는 육군에 도전하다가 치명상을 입었고, 마침내 1954년 상원의 사문결의(査問決議)에 의하여 실각했다. 물론 매카시즘(McCarthyism)이 미국 국민들에게 영향을 미친 것은 1~2년이라는 짧은 기간에 불과했지만, 그 기간 동안 미국국민의 대다수가 핵심권력층이 공산주의자 내지 공산주의 동조세력이기 때문에 미국이 곧 공산화될 수도 있다는 공포에 사로잡혔다. 만일 그러한 상태에서 대선이나 총선을 실시할 경우 히틀러와 같은 극우세력에게 국가 권력이 넘어갈 것임이 자명하다는 사실에 대해 미국인들은 전율을 금치 못했던 것이다.

37 1950년대 초반에 미국 사회를 레드(red) 콤플렉스에 빠뜨렸던 조셉 매카시 의원은 공산주의자 및 친 공산주의자들을 미국의 안보를 위협하는 반사회적 스파이들로 규정하고, 사회 각 분야에 걸쳐서 대대적인 빨갱이 색출 작업에 열을 올렸다. 극에 달한 맥카시의 레드 혐오증으로 인해 공산주의와는 아무 상관없는 무고한 사람들까지 빨갱이로 몰리는 사태가 발생했지만, 두려움 때문에 감히 그와 맞서려는 자들이 없는 상황이었다.

이때 미국국민들에게 커다란 위안이 된 것이 바로 토크빌의 주장이다. 그가 내린 결론은 미국의 민주주의체제는 다수의 전제가 폭정으로 비화된다 할지라도 그 자체의 회복능력을 가지고 있기 때문에 그 같은 위기를 극복해 왔고 차후로도 극복하게 될 것이라는 것이다.[38] 이 때문에 토크빌의 저작인 『미국의 민주주의』가 그 자신의 조국인 프랑스에서가 아니라 오히려 미국에서 지속적으로 각광을 받아왔던 것이다. 오늘날 미국의 좌익 정치가는 물론 우익 정치가들의 상당수가 위기를 극복할 수 있는 그러한 회복능력이 미국사회에서 여전히 작동하고 있다고 믿고 있다.[39] 이러한 이유 때문에 『미국의 민주주의』가 오늘날의 미국이 정치, 사회, 군사, 문화 등 거의 모든 면에서 크게 상이하다 했던 시절인 1830년대의 미국의 상황을 중심으로 기술했다할지라도 할지라도 오늘날 미국 사회를 잘 설명하고 있기 때문에 『미국의 민주주의』가 오늘날의 미국인들에게도 각광을 받아오고 있다.

38 원래 토크빌의 저작인 『미국의 민주주의(Democracy in America)』는 원제가 불어로 『미국의 민주주의에 대해(De la Démocratie en Amerique)』이다. 즉 토크빌이 미국에 8개월이란 짧은 기간에 걸쳐 체류하면서 미국에 머무르면서 보고 느낀 바를 책으로 엮은 것이다. 토크빌이 미국의 민주주의를 연구한 목적은 어디까지나 자신의 조국인 프랑스의 정치적 발전에 도움을 주려는 것이다. 사실 토크빌은, 원래 의도한 바는 아니지만, 미국의 민주주의가 각종 문제들에 봉착한다 할지라도 자체의 자정능력이 있어서 그것들을 극복하고 지속적으로 발전하게 된다는 결론을 내리고 있다. 이것은 미국인들이 원하던 바로 그 결론이었다. 이로 인해 미국인들은 『미국의 민주주의』가 미국의 민주주의에 대해 쓴 것이 아니라 미국의 민주주의를 잘 분석하고 있다고 판단하고 원제목인 『미국의 민주주의에 대하여(De la Démocratie en Amerique)』라는 제목에서 '대하여(De)'라는 말을 빼버리고 『미국의 민주주의(Democray in America)』라는 약간 변형된 타이틀로 번역하였던 것이다.

39 토크빌은 미국의 민주주의가 자신의 시대 이후에도 잘 작동해나갈 것이라는 일종의 예언을 여러 차례 한 바 있다.

▌알렉시스 드 토크빌의 이력

1805년 7월 29일 파리 출생.

1812년 아베 르쉬웨르(Abbé Lesueur)로부터 개인지도 받음. 이후 메츠(Metz)에 있는 왕립학교 입학.

1823년 1827년까지 파리에서 법학 공부.

1827년 아버지가 새로 부임해간 베르사이유 법원에서 '배석 판사'(juge auditeur) 역임.

1828년 기조(Guizot)의 유럽사 및 역사철학 강의 청강.

1830년 루이 필립 왕이 이끄는 7월 왕정에 대해 충성 맹세.

1831년 미국의 행형(行刑)제도를 연구하기 위해 귀스타브 드 보몽과 함께 미국 여행. 5월 뉴욕에 도착한 토크빌은 전례 없는 사회적 평등, 신분차별의 부재, 규제를 받지 않는 상업활동 등에 큰 감명 받음.

1833년 『미국의 행형제도와 프랑스에서의 그 적용에 대하여』(Du systéme penitentiaire aux Etats-Unis et de son application en France)를 보몽과 공동 출간. 영국을 처음 여행.

1835년 『미국의 민주주의에 대하여』(De la démocratie en Amérique) 제1부 출간. 영국과 아일랜드 방문.

1836년 메리 모틀리와 결혼하다. 존 스튜어트 밀의 호의로『런던 및 웨스트민스터 지(誌)』(London and Westminster Review)에 논문 기고.

1837년 노르망디에서 제3공화국 하원의원 선거에 출마하였으나 낙선함.

1839년 발로뉴(Valognew)에서 하원의원에 선출됨. 프랑스식민지에서의 노예제도 폐지를 주장하는 보고서를 의회에 제출함.

1840년 『미국의 민주주의』제2부 출간.

1842년 라망슈(La Manche) 주의 하원의원에 선출됨. 하원에서 프랑스 정치에서 공적 참여의 부족을 비판하는 연설을 함.

1844년 진보신문인『르 꼬메르스』(Le Commerce)를 후원하는 주도 인물이 됨.

1847년 하원에 알제리 식민지 문제와 현지 주민의 처우 문제에 관해 보고서 제출.

1848년 5월에 다시 의회 진출. 5월 15일 파리 노동계급에 의한 소요가 진압된 후, 새 형법의 초안 작성을 위촉받았으나 지방분권화 조치를 지지하도록 동료들을 설득하지 못하고 직접선거로 선출된 대통령을 단임으로 제한한다는 원칙에만 동의함.

1849년 루이 나폴레옹에 의해 외무대신에 임명되지만 바로(Barrot) 내각의 사퇴로 4개월 후 사임함.

1850년 2년에 걸친 의정 활동을 회고한『회상록』(Souvenirs) 저술.

1851년 다른 의원들과 함께 쿠데타에 반대하다가 체포되어 외무성에 하루 동안 수감됨.

1856년『구체제와 대혁명』(L'Ancien Régime et la Révolution) 출간.

1859년 기력이 쇠약해져 이전 해인 1858년 11월에 의사의 권유로 남불의 깐느로 여행을 떠났다가 4월 16일 그곳에서 폐결핵으로 세상을 떠남.

편역자 소개

은은기

서울대학교 학사

서울대학교 대학원 석사

계명대학교 박사

프랑스 소르본느대학교(파리4대학) 박사

현 계명대학교 사학과 교수(서양사전공)